木造住宅の災害予防

地震と住まい

社団法人日本建築家協会　災害対策委員会＝著

技報堂出版

「地震と住まい」執筆者名簿（2010年2月現在）

・まえがき執筆者　中田準一（災害対策委員会前委員長）

・本 文 執 筆 者　「地震と住まい」WG メンバー

主　査　庫川尚益（災害対策委員会委員長）

郡山　毅（住宅部会安全防災 WG）

郡山貞子（住宅部会安全防災 WG）

森岡茂夫（災害対策委員）

吉田　晃（災害対策委員）

（イラスト・装幀）山本　アカネ

社団法人 日本建築家協会　http://www.jia.or.jp/

JIA 災害対策委員会

〒 150-0001 東京都渋谷区神宮前 2-3-18

TEL.03-3408-7125　FAX.03-3408-7129

まえがき

今年は阪神淡路大震災から早や15年目になります。私たちはあらためて被害の大きさを思い起こしています。

日本建築家協会（略称ＪＩＡ）は、阪神淡路大震災に際し、急遽災害特別委員会を立上げ被災地の支援を行いました。全国の会員に声をかけて被災地に赴き、支援活動や調査を行ったことが昨日のことのように思い出されます。その後、様々な角度から災害の検証を行い、建築家の領域を越えて議論を重ね、１９９７年に「建築家のための耐震設計教本」としてまとめました。

阪神淡路大震災以後、大きな被害をもたらす震度6弱以上の地震が、わが国土を7回も襲っています。私たちはたとえ、自然災害である地震をなくすことはできないにしても、その被害を最小限にとどめる手立ては講じる必要があると各方面に働きかけております。しかし、まだまだ地震災害への備えは十分とはいえません。

今私たちは、地震が起きる前にどんな準備ができるでしょうか。東京や大阪などの大都市に広がる木造密集地では家屋の倒壊、類焼、細街路の閉塞などにより、大きな被害が出ることが予想されています。私たちは建築の専門家として人々の暮らしに目を向けた時、市民が安全で安心して生活できる場をどう確保するか考えずにはいられません。

　このたび私たちは、災害の危険性が高いといわれている木造密集地で、どうすれば生活の質を高めながら、安全性を確保することができるかという困難な問題に取り組みました。木造建築に対する技術と被災地支援の経験を積んだＪＩＡ会員でＷＧを編成し「木造住宅及び木造密集地域の問題」について検討を重ね、長年の懸案であった木造住宅および木造密集地域の総合安全性についての考え方を「地震と住まい」としてまとめることができました。まだまだ道半ばではありますが、「地震と住まい」が市民の皆様をはじめ、防災に携わっている行政関係者、建築家、学生、そして様々な分野の専門家の皆様にとって、些少なりともお役に立つことができればと願っております。

２０１０年２月１日

社団法人日本建築家協会
ＪＩＡ災害対策委員会
前委員長　中田　準一

もくじ

第1章

地震の被害と地震への備え

1-1 地震災害を考える

大きな地震が起こるたびに、ＴＶや新聞などメディアを通じ悲惨な災害の状況が報道されます。橋・道路・住宅などの被災状況を見るにつけ、自分たちの住んでいる地域で地震が起きた時に、冷静に対応ができるのかどうか考えてしまいます。

被害を受けた住宅の光景は、我が国の戸建て住宅の大部分が木造住宅のため、木造住宅の倒壊・損壊がクローズアップされます。それらの報道を見ていると、木造住宅は地震に弱いのではないかという考えがよぎります。木造住宅は、本当に地震に弱いのでしょうか？　どちらにしても、住宅に被害が出るということは、人間の社会生活の最も基本的な「生活の場」を失うことになります。このことは、経済的な面も含め震災後の様々な障害を引き起こします。

もし大地震が起きた時には、どうすれば「人命」や「住まい」の被害を最小限にできるのでしょうか？　体験談として、実際には「地震の揺れでパニックになり、日頃から心がけてはいても急には行動できない」ことなどもよく聞きます。本書では、建物の耐震対策の現状や、災害を予測した様々な対策、日頃から心がけておくべき防災行動・避難行動、避難生活の状況や財産保全に関する事柄など、幅広い観点から「地震と住まい」を紹介していきたいと思います。

出典：気象庁ホームページより
（http://www.jma.go.jp/jma/kishou/know/shindo/shindokai.html）

図 1.1　震度と揺れ等の状況（概要）

●地域の特色と総合的な減災

大都市・地方都市への人口集中がはげしい今日では、比較的地盤が良いといわれる高台や丘陵地などだけではなく、崖地、扇状地、埋め立て地などの地震災害の危険性の高い地域にも住宅地は拡がっています。これらの地域では、自治体などの調査で災害の危険度があらかじめわかっていることも多いのですが、簡単には生活の基盤を動かせないというのが実状ではないでしょうか。

また、歴史上何度も大きな災害に遭遇した地域であっても、災害・復興を繰り返しながら人々の生活は続けられているのです。地域は、それぞれ独自の歴史や文化を持っています。自然災害をも歴史の中に取り込んで、地域独自の文化が形成されてきました。都会でも、危険と思われる狭い路地空間が、地域の中では欠かすことができない大切な生活空間になっています。

安全・安心なまちづくりのためには、その地域の特性を多角的に理解して、地域にふさわしい方策を立てておくことが大切になります。

地震で建物が被害を受けると、まず、補修や建て替えなど住宅再建のための経済的な負担が発生します。また、避難所や仮設住宅での生

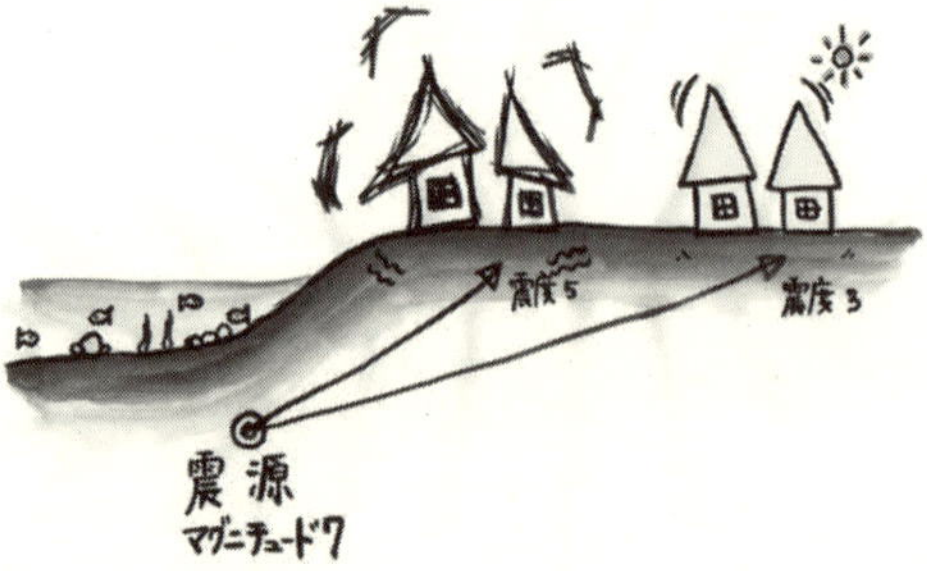

活が長引くと、心身も疲弊します。こうした要因で起きる二次的な健康被害が、社会的にも問題になっています。このような被害を少なくするために、専門家も、次の３つの視点から総合的に減災に取り組もうとしています。

①安価な耐震改修技術の開発　「技術的な視点」
②地域整備事業や助成制度などの整備　「法整備の視点」
③生活者としての要望　「住民の視点」

「地震は必ずくる」と思ってはいても、地震に対する備えは、まだまだ十分とはいえないようです。

1-2　地震の被害

地震と、地震に起因する津波や火災によりもたらされる被害には、次のようなものが想定されます。

①建築物の被害……揺れ、液状化、崖崩れなど地盤の崩壊、火災による被害
②鉄道・道路等の被害……鉄道・道路、交通機関の被害
③供給処理施設の被害……電力・都市ガス・上下水道等ライフラインの被害

④社会生活上の被害……帰宅困難、食料・飲料水、医療、教育などに対する支障

⑤人的被害……建物倒壊、津波、火災、ブロック塀や落下物などによる直接被害と疾病悪化などの間接被害

●建築物の被害（倒壊、損傷、火災、液状化など）

建物の被害には、倒壊と焼失があります。倒壊の原因は、①揺れによるもの、②液状化によるもの、③急傾斜地崩壊によるものに分かれます。崖や急傾斜地の多い地域では地盤崩壊、低湿地では液状化による倒壊などがあります。

液状化は、地下水位の高い砂質地盤で発生するため、とくに東京湾岸地域に被害が集中します。新潟県中越沖地震では、地盤の液状化による被害が多くみられました。福岡県西方沖地震における玄界島の住宅被害の多くは、階段状に広がる急傾斜の住宅地の地盤崩壊によるものです。

木造住宅密集地でとくに心配されているのが、地震による火災です。もし、関東大震災の時の秒速15ｍというような強風下で地震火災が発生したら、大規模な延焼はまぬかれないでしょう。同時多発的な火災の場合は、公的な消火活動が分散されるうえ、道路事情から活動が制限されたりします。また、震害による断水・停電により消火用水が使用できなくなったりして、初期消火が難しくなり、大規模な火災となります。木造住宅密集地での地震対策が、急がれるゆえんです

●その他の構造物などの被害（落下物、ブロック塀など）

外壁のモルタルやタイルの剥離落下、看板、クーラーの室外機などの取付け物の落下、窓ガラスの破損落下などの落下物によるもの、ブロック塀、石塀など塀の転倒、自動販売機や石灯篭などの転倒等によって、人的な被害が発生します。

福岡県西方沖地震では唯一の死者はブロック塀によるものでした。新潟県中越沖地震では石灯籠で被害が発生しています。

日頃から自宅の周辺を歩いて、地域全体で、危険な落下物や転倒しそうな塀の指摘などを行っておくことも重要です。また、安全な避難ルートも確認しておきましょう。

●人的被害

地震で建物の下敷きになったり、火災で焼死するなど直接の被害のほかに、災害関連死といわれるような間接的な被害があります。直接震災での被害がなくても、病人やお年寄りなどが災害をきっかけに健康を損ねることも多く、こうした間接的な被害に対しても目を向けなければなりません。人的被害の大きさは、長いスパンで考える必要があります。

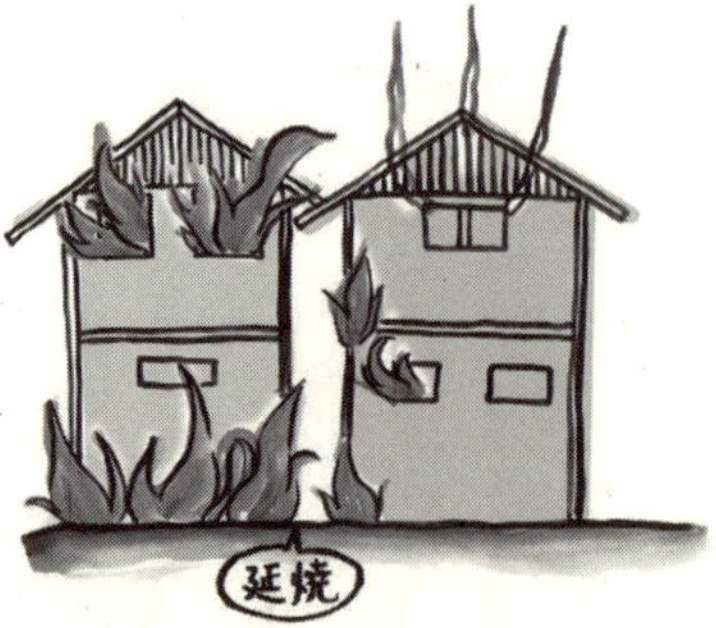

1-3　予想される地震と被害予想

●いろいろな被害想定をみる

我が国では、どこに住んでいても地震に対する備えは必要です。２００５年３月に起きた福岡県西方沖地震、２００７年３月の能登半島地震の震源は、地震の起きる可能性がとくに高いとは思われていなかった地域でした。また、新潟県中越地方では２００４年、２００７年と短期間のうちに２度も大地震に見舞われました。このように地震は、日本列島のいつ、どこで起きてもおかしくはないのです。

●被害想定を知る

大規模な地震災害に備え被害を最小限にとどめるには、どのような被害が想定されるのかを知ることが重要ですが、地震災害を具体的にイメージすることは容易ではありません。

内閣府の中央防災会議では、大規模地震が発生した場合とくに大きな被害が懸念される首都直下地震をはじめとする東海地震、東南海・南海地震、日本海溝・千島海溝周辺海溝型地震、中部圏・近畿圏直下地震などについての被害想定を公表しています。

首都直下地震の被害想定では、都心部または都心周辺で発生しうる18タイプの地震動を想定しています。中部圏・近畿圏直下地震については13タイプ別の想定結果を２００７年11月に公表していますが、その中で被害が最も大きいのは大阪上町断層帯の地震によるもので、全壊97万棟、死者４万２、０００人という首都圏をはるかに上回るものでした。

国土交通省が公表した重点密集市街地約８、０００ｈａ（後掲**表１・４**）のうち、東京、大阪がそれぞれ約２、０００ｈａです。広域な密集地を抱えている大都市においては、地震対策は緊急を要する重大な課題となっています。

東京都では１９９７年８月に区部直下、多摩直下、神奈川県境直下、埼玉県境直下の４震源について、Ｍ７・２（マグニチュード７・２）の地震が発生した場合の被害想定を行い、それをもとにして地域防災計画を策定しています。さらに２００６年５月にはＭ７・３の他に、発生頻度がより高いＭ６クラスの地震も加えて、東京湾北部および多摩直下地震についての被害想定を公表しました[3]。

●被害予測は前提条件で大きく変わる

阪神・淡路大震災は、１月17日の早朝６時前と、多くの人々が就寝中に発生しました。関東大震災は９月１日正午の強風下で、昼食の準備をしている時間帯に発生しました。前者は倒壊家屋による被害、後者では火災による被害が顕著でした。

表 1.1　被害想定の例

			内閣府 2005 年		東京都 2006 年	
条件	震　源		東京湾北部		東京湾北部	
	規　模		M7.3		M6.9	M7.3
	震源の深さ				約 30 km ～ 50 km	
	気象条件	時間帯	冬の朝 5 時	冬の夕方 6 時	冬の夕方 6 時	冬の夕方 6 時
		風　速	3 m/s	15 m/s	6 m/s	6 m/s
建物被害	全壊棟数		約 195,000 棟	約 195,000 棟	59,824 棟	126,523 棟
	半壊棟数				214,950 棟	345,654 棟
	出火件数				749 件	1,145 件
	焼　失		約 40,000 棟	650,000 棟	183,034 棟	310,016 棟
人的被害	死　者		5,300 人	11,000 人	2,782 人	5,638 人
	負傷者		160,000 人	200,000 人	74,645 人	159,157 人

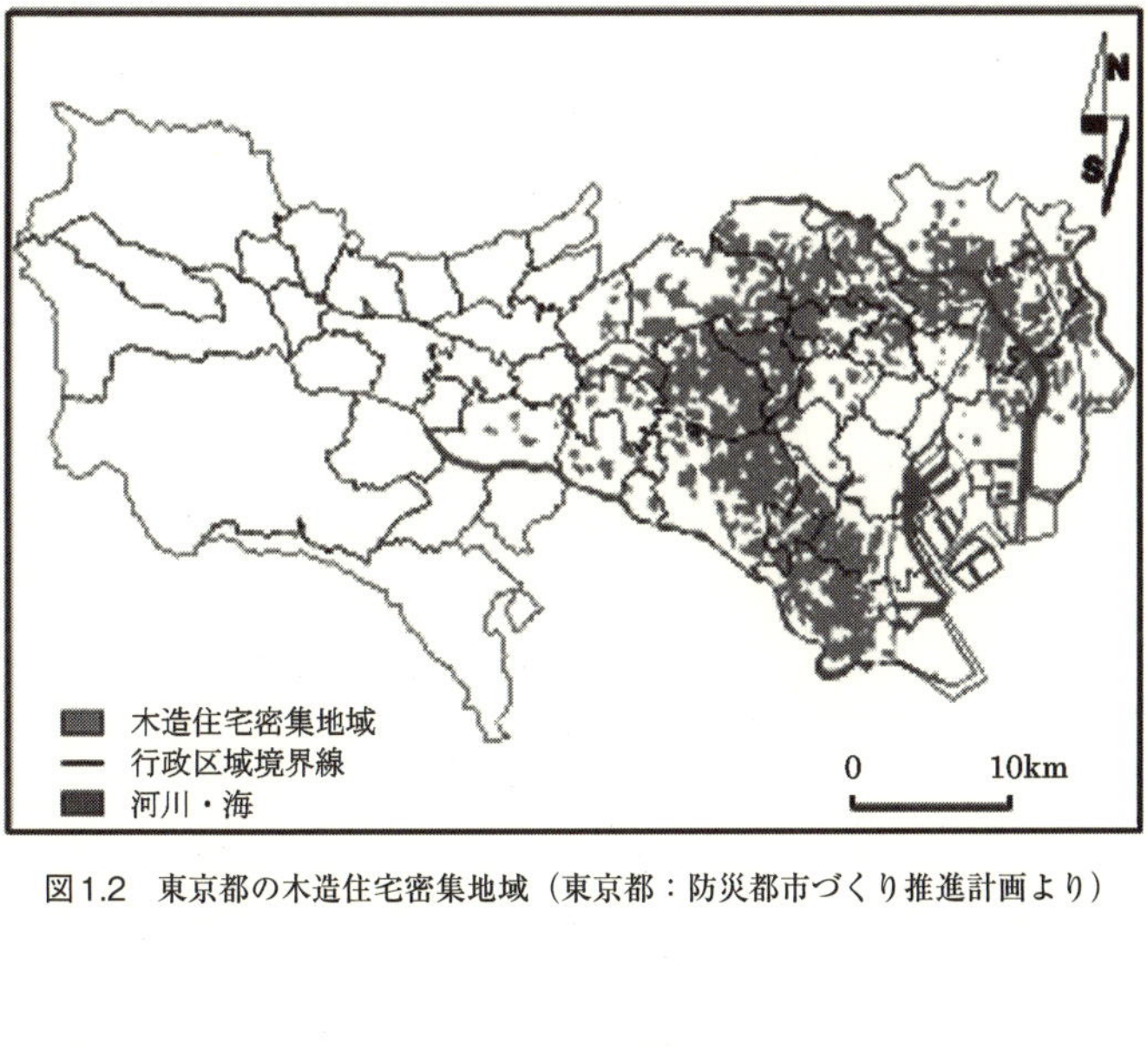

図 1.2　東京都の木造住宅密集地域（東京都：防災都市づくり推進計画より）

地震による被害は、発生する季節、時間帯、風速によって大きく異なることが、表1・1をみればよくわかります。内閣府・首都圏の被害想定をみると、冬の朝5時、秋の朝8時、夏の昼12時、冬の夕方6時という4つの時間帯や季節を想定しました。

東京で大地震が起きれば、地盤の悪い東部地域や環状6、7号線沿線や中央線沿線の木造住宅密集地域での火災とその延焼により、建物や人的被害が大きくなることが予想されています。

1-4 木造住宅は地震に弱いのか？

●建築基準法で求められている耐震性能とは？

建物の地震被害を最小限に抑えるために、いったいどのような耐震性能が求められているのでしょうか。建物の耐震性能は、建築基準法に定めがあり、現在の耐震基準（新耐震基準）は、1981（昭和56）年6月以降に建築確認がなされた建物に適用されています。

この建築基準法では、建物の地震に対する強さ（耐震性）を、「まれに起きることが予想される大地震に対しては倒壊しないこと、数十年に一度起きることが予想される地震に対しては損傷しないこと」、としています。

表1.2　新耐震基準の目標とする性能

想定する地震	およその震度	目標とする性能	建物の再使用の可否
大規模地震	震度6強～7程度	人命に危害を及ぼすような倒壊等の被害を生じない	きわめて困難
中規模地震	震度5強程度	ほとんど損傷を生じない	再使用できる

建物には、木造、鉄筋コンクリート（RC）造、鉄骨鉄筋コンクリート（SRC）造など、いろいろな構造種別がありますが、建築基準法で要求される性能（耐震性能）はすべて同じです。したがって、鉄筋コンクリート造は地震に強く、木造は地震に弱いというような言い方はできません。

しかし、鉄筋コンクリート造や鉄骨鉄筋コンクリート造建物は一般に規模が大きく、設計と施工が異なる会社で行われることも多いため、それぞれの段階で一定のチェック機能が働きやすく、現行基準で求められている品質が担保しやすくなっていることは事実です。

それに対し、木造住宅では設計図の通りに施工されているか、どうしてもチェックが緩くなりがちです。また、きちんとした計算をすることなくリフォームが行われることも多いため、もともとの住宅が現行基準で設計されていたからといっても、建物が安全であるとは言い切れない面があります。

阪神・淡路大震災における木造住宅の被害をみると、現行の耐震基準を満たしていない建物（既存不適格建物）、そして工事施工に問題のあった建物などに多くの被害が発生しました。また、注目すべき特徴は、1階に店舗や車庫がある間口の狭い木造建物にも被害が多く出たことです。

阪神・淡路大震災の被害状況から、木造住宅の耐震性にかかわるポイントとして、

①既存不適格、
②耐力壁の不足と不均衡な配置、
③老朽化、
④施工不良、
が指摘されるようになりました。

●木造密集地は要注意!!

木造住宅密集地域は、地震による直接の被害に加えて、その後の火災などの二次的な被害も考えると、災害危険度は非常に高いといえます。被害の拡大が懸念されるため、有効な対策が急がれています。

木造密集市街地では、一般に狭い敷地に老朽化した建築物が多く、環境や防災面で様々な問題を抱えています。幅の狭い道路が多く、地震によって建物が倒壊すると道路が通行不能になり、被災者の避難や消火・救助活動は行いにくくなります。また、道路際に積み上げられた物品や看板、塀などが倒れて道を塞ぐことも予想されます。火災は、道路をまたいで延焼するため被害が拡大しやすく、道路が塞がれた状態は、とても危険な状況といえます。

国土交通省は2003年に密集市街地の中でもとりわけ危険性が高く、早期の改善が求められる地域を「地震時等において大規模な火災の可能性があり、重点的に改善すべき密集市街地」(以下

表 1.3　国土交通省が公表した重点密集市街地の基準

①住宅の密集度	80戸/ha以上の住宅が密集する一団の市街地であること。
②延焼危険性	耐火に関する性能が低い住宅が大半（木防率*1 2/3以上）を占めていること（不燃領域率*2 40%未満に相当）。
③避難・消火等の困難性	幅員4m以上の道路に適切に接していない敷地に建つ住宅が過半を占めていること。

*1　木防率：全棟数の中で，木がそのまま外部にさらされているような裸木造と，柱・梁などの骨組みが木造で，延焼のおそれがある屋根や外壁などをモルタルやサイディングボード，トタンなどの防火性能がある材料でできている防火木造とを合わせた棟数の割合。

*2　不燃領域率：市街地の燃えにくさを表す指標。エリア面積に占める一定要件の空地，道路，耐火建築物の占める割合。

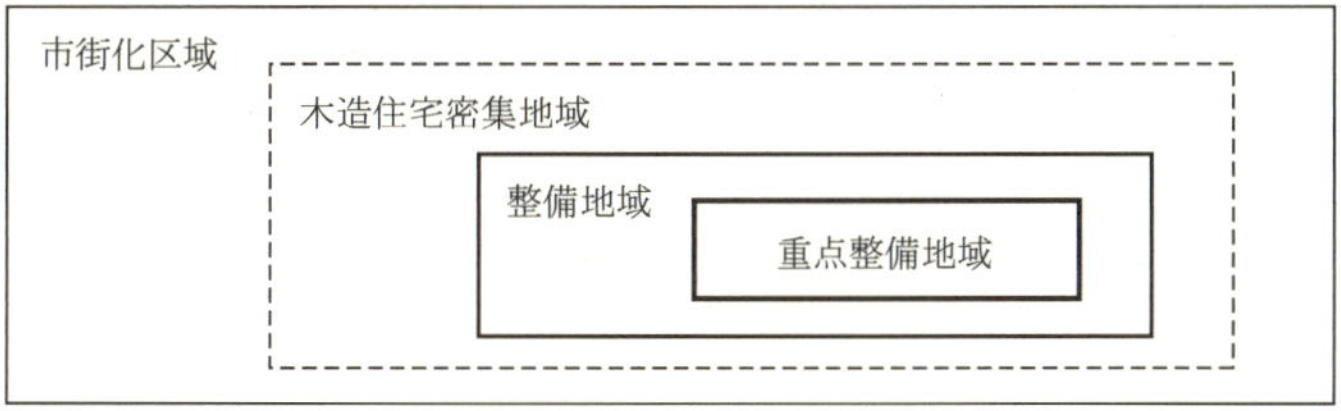

表 1.4 「地震時等において大規模な火災の可能性があり重点的に改善すべき密集市街地」の地区数，面積一欄

都道府県別		市区町村別		
都道府県名	重点密集市街地（面積）	市区町村名	重点密集市街地（地区数，面積）	
北海道	1ha	函館市	1 地区	1ha
青森県	51ha	青森市	7 地区	23ha
		弘前市	2 地区	6ha
		八戸市	5 地区	22ha
岩手県	—		—	—
宮城県	39ha	仙台市	5 地区	36ha
		石巻市	1 地区	1ha
秋田県	—		—	—
山形県	—		—	—
福島県	—		—	—
茨城県	—		—	—
栃木県	—		—	—
群馬県	—		—	—
埼玉県	120ha	さいたま市	1 地区	2ha
		川口市	2 地区	54ha
		秩父市	1 地区	6ha
		本庄市	3 地区	19ha
		戸田市	1 地区	5ha
		鳩ヶ谷市	3 地区	34ha
千葉県	474ha	千葉市	6 地区	2ha
		市川市	22 地区	189ha
		船橋市	14 地区	77ha
		松戸市	5 地区	148ha
		浦安市	1 地区	9ha
東京都	2,339ha	文京区	2 地区	54ha
		台東区	1 地区	19ha
		墨田区	1 地区	179ha
		品川区	1 地区	252ha
		目黒区	3 地区	175ha
		大田区	2 地区	164ha
		世田谷区	3 地区	230ha
		渋谷区	1 地区	57ha

都道府県別		市区町村別		
都道府県名	重点密集市街地（面積）	市区町村名	重点密集市街地（地区数，面積）	
大阪府	2,295ha	大阪市	22 地区	1,360ha
		堺市	1 地区	17ha
		豊中市	2 地区	255ha
		守口市	2 地区	206ha
		寝屋川市	3 地区	248ha
		門真市	1 地区	134ha
		摂津市	1 地区	26ha
		東大阪市	1 地区	49ha
兵庫県	295ha	神戸市	6 地区	204ha
		尼崎市	4 地区	85ha
		明石市	1 地区	6ha
奈良県	77ha	奈良市	4 地区	26ha
		大和高田市	1 地区	1ha
		大和郡山市	2 地区	10ha
		天理市	1 地区	4ha
		橿原市	2 地区	5ha
		五条市	1 地区	1ha
		香芝市	1 地区	13ha
		上牧町	1 地区	1ha
		王寺町	2 地区	15ha
和歌山県	61ha	和歌山市	3 地区	6ha
		海南市	2 地区	25ha
		橋本市	1 地区	7ha
		田辺市	1 地区	2ha
		新宮市	5 地区	7ha
		かつらぎ町	1 地区	8ha
		高野口市	3 地区	3ha
		印南町	1 地区	3ha
鳥取県	5ha	岩見町	2 地区	5ha
島根県	—		—	—
岡山県	36ha	岡山市	4 地区	30ha
		倉敷市	1 地区	2ha

		中野区	2 地区	152ha
		杉並区	1 地区	155ha
		豊島区	4 地区	152ha
		北区	3 地区	188ha
		荒川区	2 地区	154ha
		板橋区	3 地区	188ha
		練馬区	2 地区	87ha
		足立区	3 地区	125ha
		葛飾区	1 地区	22ha
		江戸川区	2 地区	42ha
神奈川県	749ha	横浜市	23 地区	660ha
		川崎市	5 地区	39ha
		横須賀市	2 地区	32ha
		秦野市	1 地区	19ha
新潟県	—		—	—
富山県	4ha	新湊市	1 地区	4ha
石川県	35ha	金沢市	3 地区	35ha
福井県	—		—	—
山梨県	—		—	—
長野県	10ha	長野市	5 地区	10ha
岐阜県	4ha	岐阜市	1 地区	4ha
静岡県	2ha	東伊豆町	1 地区	2ha
愛知県	142ha	名古屋市	4 地区	123ha
		岡崎市	1 地区	4ha
		安城市	1 地区	16ha
三重県	19ha	桑名市	1 地区	8ha
		尾鷲市	1 地区	2ha
		熊野市	1 地区	2ha
		南島町	1 地区	3ha
		紀伊長島町	2 地区	5ha
滋賀県	10ha	大津市	2 地区	10ha
京都府	373ha	京都市	59 地区	364ha
		城陽市	1 地区	2ha
		日向市	3 地区	7ha

		笠岡市	1 地区	4ha
広島県	127ha	広島市	8 地区	73ha
		呉市	1 地区	7ha
		尾道市	1 地区	6ha
		府中町	1 地区	41ha
山口県	11ha	下関市	1 地区	11ha
徳島県	18ha	徳島市	1 地区	3ha
		鳴門市	2 地区	3ha
		由岐町	3 地区	10ha
		牟岐町	2 地区	2ha
香川県	3ha	丸亀市	1 地区	3ha
愛媛県	3ha	宇和島市	1 地区	3ha
高知県	58ha	高知市	6 地区	58ha
福岡県	194ha	北九州市	3 地区	52ha
		福岡市	8 地区	84ha
		飯塚市	1 地区	1ha
		田川市	2 地区	17ha
		山田市	1 地区	4ha
		鞍手市	2 地区	5ha
		稲築町	3 地区	19ha
		穂波町	2 地区	2ha
		頴田町	1 地区	5ha
		香春町	2 地区	5ha
		方城町	1 地区	2ha
佐賀県	23ha	唐津市	5 地区	14ha
		厳木町	1 地区	6ha
		呼子町	1 地区	2ha
長崎県	297ha	長崎市	5 地区	297ha
熊本県	46ha	熊本市	4 地区	46ha
大分県	27ha	大分市	2 地区	26ha
		別府市	1 地区	1ha
宮崎県	8ha	日向市	1 地区	8ha
鹿児島県	17ha	鹿児島市	1 地区	7ha
		名瀬市	4 地区	11ha
沖縄県	—		—	—
合　計	7,971ha			

（注 1）　既往の統計資料等を用いた推計値であり，概数である（小数点 1 桁で四捨五入しているため合計値が一致しない場合がある）.
（注 2）「重点密集市街地」に係る詳細等の問い合わせは別紙 2 を参照.

「重点密集市街地」）として、全国で約８、０００ｈａ（ヘクタール）の地域を公表しました（表１・３、表１・４参照）。

とくに東京や大阪などの大都市では、密集市街地がひろい範囲にひろがっていて、地震で大きな被害のでることが予想されています。重点整備地域など、危険な市街地を優先的に整備することが重要になります。

●木造住宅密集地域における防災性向上への取り組み

木造住宅密集地の防災安全性を高めるためのハードな方策としては、道路の拡幅や道路に面する建物の不燃化などが重要となります。しかし、道路を広げたり区画整理をするとなると、敷地が削られたり、移転が求められたりすることもあります。また、建物の不燃化には、それなりに費用もかかります。解決すべき問題が多く、改善がなかなか進まないのが現状です。

木造住宅密集地における老朽建物の倒壊や市街地火災の危険性は、阪神・淡路大震災の教訓からも再確認されています。もう一度、防災安全性と快適な居住環境を両立させることを、地域性や市民生活の視点から見直してみることが重要です。

木造住宅密集地域を抱えている自治体では、地域の特性にあわせて、防災性向上のための様々な施策に取り組んでいます。たとえば、被害想定結果をもとに策定した「地域防災計画」がその一つです。また、「老朽木造住宅の建て替え」は、重要な柱になっています。居住者の高齢化も、考慮しておくべき事柄でしょう。しかし、「危ない」という意識を住民全員が共有することこそ、何よりも重要になります。私たちに何ができるかを考えてみました。

①自宅周辺を歩いてみる

住民自らが具体的で実用的な震災対策を考えるために、実際に自宅の周辺を歩いてみましょう。避難する道路は安全か、人が住んでいない老朽木造建物はあるのか、建物の不燃化がどの程度進んでいるのか、といった具体的な事実を把握しておくことが必要です。とくに避難場所までは、必ず自分の足で、確かめながら歩いてみましょう。

②専門家の力を借りる

建物の老朽化がどれだけ進んでいるのか、建て替えやリフォームの時の法律や手続きはどうなっているのかなど、専門的な知識が必要な場合には、建築家をはじめ弁護士、税理士、不動産鑑定士、土地家屋調査士などの専門家の支援を得ることも重要です。

自治体によっては専門家を無料で派遣してくれたり、紹介をしてくれたりしてくれますので、まずはお住まいの自治体に相談してみるとよいでしょう。

1-5 地震に強い住宅を見分けるために

住まいは、社会生活を行う基礎となる場所です。また、貴重な財産という認識も強く、特に戸建て住宅の場合はその気持ちを強く持たれると思います。

新たに木造戸建て住宅を購入したり、建て替えたりするときに、地震に強い住宅を見分けるためのいくつかの注意点をまとめましたので参考にしてください。

●住まいについての法律や規制

住まいについての法律は都市計画法はじめ、数多くありますが、最も基本になるのが建築基準法という法律です。道路と敷地との関係、敷地に建てられる建物の広さや高さの限度、そして建物の構造等について定めています。

木造住宅の構造については、地盤の強さに応じた基礎の種類、筋かいはどれくらい必要で、どこにどのように配置したら良いかということや、使用する金物の種類などが詳しく決められています。

設計者はこの法律に基づいて設計図を作ります。行政庁や指定確認検査機関では、設計図が法律で定められた通りに作成されているかどうかを確認します。これがいわゆる建築確認申請の手続きです。

設計者が作成した設計図に従って施工業者は工事をします。設計図の通りに施工されているかどうかのチェックは工事監理者という人が行います。したがって、工事監理者には工事を施工する会社と利害関係のないことが求められます。施主は法律に従って工事監理者を定めなければなりません。一般的には設計・監理契約に基づき建築家が設計と工事監理を行います。

●住宅を取得するときに気をつけること

■地盤について

同じ地震でも、建物が建っている地盤によって、建物の揺れ方に違いが出ます。液状化しやすい地盤や崩落しやすい地盤などもありますので、十分な対策が必要です。以下に、いくつか注意する点を挙げます。

①盛り土……造成地などに見られる場所で、土が十分に突き固められていなかったり、厚く盛られた場所などは地盤破壊、沈下のおそれがあり特に要注意です。

②埋立地……沼や池を埋め立てて造成した場所などは、地震によらなくても地盤沈下のおそれがあります。

③崖下・崖上……地震だけでなく豪雨によっても崩落するおそれがあります。

④軟弱地盤……同じ地震でも固い地盤に比らべて揺れかたが大きくなります。

⑤液状化……砂質地盤で地下水位が高い場所、特に海岸に近いところや、砂が堆積してできた場所などは液状化しやすいといわれています。

■建物について

建築基準法に基づいて設計された建物であっても、きちんと工事監理がなされなかったり、検査を受けないで完成させてしまっては、所定の耐震性があるかどうかおぼつきません。特に木造3階建て住宅は、耐力壁の量や配置、施工技術に特段の注意を払わないと、所定の耐震性を得られないことがあります。

間口の狭い木造3階建ての住宅によく見られる1階に車庫を設けるような無理なプランは、なるべく避けたいものです。信頼できる耐震性を考えると、木造では2階建てまでとして、3階建てにする場合は鉄骨構造などの他の構造方法も検討するのもよいでしょう。

現行の耐震設計を満たしているにもかかわらず被害を受けた建物には、建物の形がアンバランスであったり、1階部分の大半が開口部であるかピロティになっているなどの形態的な要因がありました。建築基準法は必要最低限の基準について定めてあるので、場合によってはもっと高い水準で設計しなければならないケースもあるのです。

車庫付き木造３階建て住宅の耐震性

間口の狭い３階建て住宅で、建物の前面に車庫を設けるケースがよくあります。３階建ては２階建てに比べて１階部分の壁量をより多く必要としますが、車庫の道路側の壁面には車の出し入れのため筋かいを入れることができません。この部分は壁のないピロティのような状態になり、構造的に不安定になります。

阪神・淡路大震災で被害が多かった建物も、１階が店舗や車庫で間口の大半を開放していた建物でした。とくに間口が５ｍに満たないような場合は玄関と車庫を設けた面にまったく筋かいが入らない場合もあり、耐震性に問題のあるケースが多いのが現実です。今ではこの問題に対応するための工法も考案されてはいますが、あまり無理のあるような構造計画は避けたいものです。

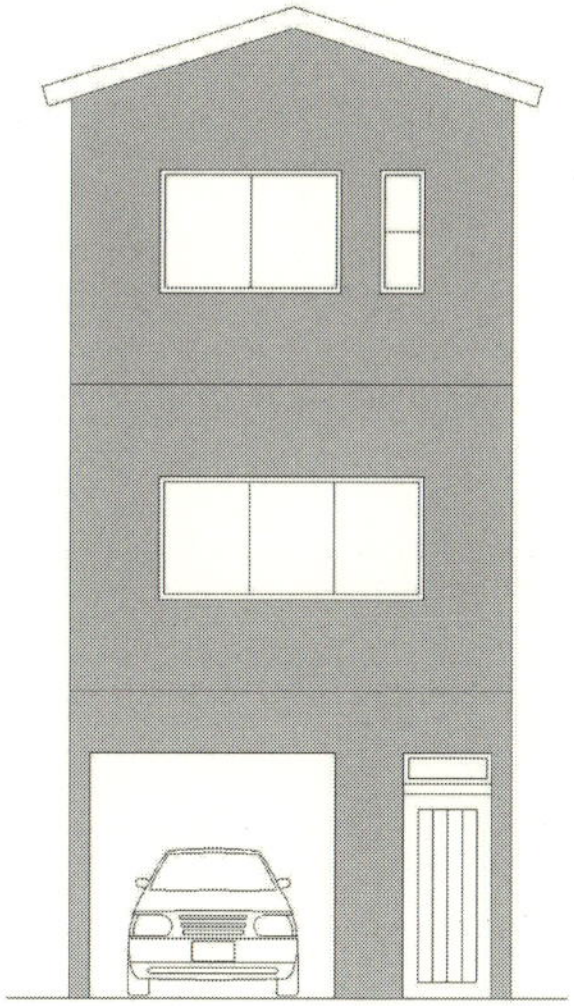

1-6 木造住宅の耐震診断・耐震補強を進めよう

●耐震診断はなぜ進まないか？

１９８１年から施行された新耐震基準を満たしていない建物は、一戸建て住宅を中心に全国で１、１５０万戸あるといわれています。こうした建物は、現行基準に合わないことから「既存不適格の建物」と呼ばれています。国や自治体はこうした既存不適格建物を減らそうと力を入れています。

多くの自治体には、建物の耐震診断や耐震補強費用の一部を助成する制度があります。しかし、耐震化が急務とされる老朽木造住宅では、補強はおろか、診断すら十分に行われていないのが現状です。

耐震診断や耐震補強が進まない原因のほとんどは、次の５つになります。

①地震災害に対して現実味や切迫感がない。

②耐震補強の効果がわかりにくい。

③業者への信頼感がない。

④診断や補強のための費用が不足している。

でたらめな耐震改修の例（左２葉は悪い例／右下は正しい施工例）

悪い理由：

①根本が腐った柱をそのまま使用している。

②土台と基礎の欠陥をそのままにして，筋かいを取り付けている。

③その筋かいの固定に所定の金物を使わずに板キレを使用。

耐震補強と住まいのリフォームは、改修意欲と費用対効果が重要

耐震補強工事は、柱や筋かい、土台などの建物の骨組みを補強する工事なので、どうしても壁や床の仕上げ材を剥がしてから行うことが多くなります。

工事の内容が耐震補強中心の場合、表面の仕上げ材料は従前の材料と同様のものを新たに張り換えることになります。これでは費用をかけた割にはあまり変わりばえのしないリフォームとなって、費用対効果が実感しにくいといえます。こうしたことも、住宅の耐震化が進まない理由の一つではないでしょうか。耐震補強と住まいのリフォームを同時に行うことのメリットに、もう少し注目する必要がありそうです。

建物を丈夫にするだけではなく、生活の質を高めるような前向きの改善を一緒に行うことができれば、改修に対する意欲も高まります。以前よりも住みやすく、快適な空間を得られることで、費用対効果も高まります。

元は洋室の居間。耐震補強にあわせて和室にリフォーム。隣室のアトリエは元食堂。筋かいがついている箇所は、新たに耐力壁が必要になった部分。和室が暗くなるため、光を採り入れる目的でオープンな筋かいにした。筋かいの向こう側には床下収納庫があり、隣室のアトリエから利用する。

⑤あきらめている。

この本を読み進めていただき、この5つの解決につながれば、地震に対する備えはかなり進むものと期待しています。

●耐震診断の種類（**第2章**参照）

耐震診断の方法は、難易度に応じて、簡易診断、一般診断、精密診断があります。

①簡易診断……主として一般の人々に耐震化の必要性を認識してもらうための簡易な診断法で、住んでいる人が自ら行えます。

②一般診断……建築士などが建物を目視で調査したうえで、耐震補強が必要かどうかを判断します。通常5万円以内程度の費用がかかります。

③精密診断……建築士や構造の専門家が行うもので、詳細な情報をもとにして補強の要否の最終判断や、補強後の耐震性を診断する、ことなどを主な目的にします。最も信頼性の高い診断法ですが費用が数10万円程度かかります。

耐震診断は、自治体によっては補助金が出る場合もありますので、まずは自治体に相談されることをおすすめします。

【第１章　参考文献】

[1]　兵庫県南部地震東京都調査団：阪神・淡路大　震災調査報告書、東京都、１９９５年７月
[2]　東京都：防災都市づくり推進計画、平成16年３月
[3]　東京都：首都直下地震による東京の被害想定報告書、２００６年５月

第2章

木造住宅の耐震性

2-1 木造住宅の仕組みと耐震性

木造住宅は、柱や梁といった主要な構造体に木を使用したもので、日本に昔からある建物はほとんど木造建築といってもよいでしょう。現在木材を素材に使った工法として、

①柱と梁を組み合わせて構造体とした「軸組工法」、
②床や壁をパネル化して組み立てる「ツーバイフォー工法（枠組壁工法）」、
③ログハウスや正倉院の校倉づくりのように木材を積み上げてつくる「組積構法（丸太組工法）」

の３つが、建築基準法で規定されています。

●在来（軸組）工法

昔ながらの日本建築は、主に、木と紙と土でつくられた在来工法が用いられています。それらには優れた調湿機能があり、湿気の多い日本の気候風土に合っているのです。

古民家や寺社建築など昔ながらの建物で用いられている工法は「伝統工法」と呼び、現在の「在来軸組工法」と区別しています。どちらも軸組工法ですが、伝統的な木造建築では主に、木材同士の接合に釘などの金物を使わず、木に精密な加工を施して接いでいます。

この木組みの工法は、木材の持つ柔軟性や復元性を利用した優れた工法です。しかしながら関東大震災のような大地震に対する耐震性能が十分に実証できなかったことから、筋かいや金物で補強する現在の在来軸組工法へと変化してきました。

在来工法ではコンクリートの基礎に土台、柱、梁などを組んで（これを軸組みといいます）、筋かいを入れた耐力壁をバランス良く配置します。

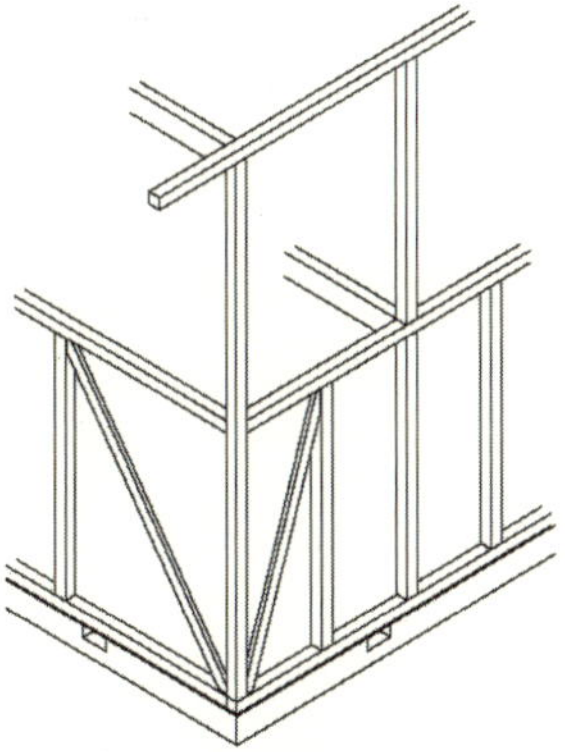

図2.1　軸組み工法

在来工法の特徴には以下のようなものがあります。

・柱、梁など細い部材で構成され開放的な空間をつくりやすい。
・柱や梁の付け替えに制限が少なく増改築が容易。
・木材資源は余るほどで材料が豊富。節などにこだわらなければ安く入手可能。
・昔からある工法なので施工技術が普及している。

●ツーバイフォー工法（枠組壁工法）

もともと、19世紀に北米で発展した工法です。北米ではプラットフォーム工法といいますが、日本では基本部材の公称断面寸法が２ｉｎ（インチ）×４ｉｎであるということから、ツーバイフォ

筋かい

筋かいとは、柱と梁や土台で組まれた骨組み（軸組みともいう）が歪まないように、斜めに入れる材のことです。垂直面に入れるものを筋かい、水平面に入れるものを火うち材といいます。いずれも骨組みを固めて、建物に加わる地震力に抵抗するという役割があります。

筋かいに代わるものとして構造用合板などの面材を柱や土台、梁にしっかりと釘止めしたものがあります。筋かいや合板などで補強された壁は、地震に対する抵抗要素として働くので、この壁のことを耐力壁と呼んでいます。耐力壁は偏よらないように、建物全体にバランスよく配置するのが良いとされています。

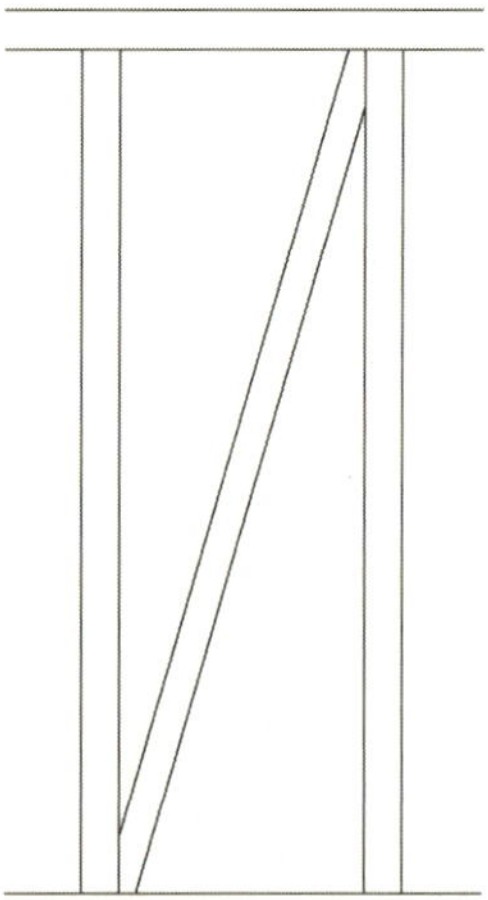

耐力壁：筋かい

耐力壁：面材（構造用合板等）

ー工法と呼ばれています。構造用合板などのボードを枠材に釘で打ちつけて床や壁をつくり、建物の荷重や地震などの外力に耐えるようにしています。厚紙でできた菓子箱の内部を細かく仕切ると、箱の上にかなりの重さの物を乗せてもつぶれないことは経験から知ることができますが、これは、ツーバイフォー工法を感覚的に理解するのに良い例でしょう。

　ツーバイフォー工法ではコンクリートの基礎の上に床枠を組み、その上に構造用合板などを張って床をパネル化します。次にこの床上で壁パネルを組んで立て起こして組み上げます。２階も１階と同様の方法でつくり、最後に屋根を架けます。

　部材相互の接続には複雑な欠き込みをせずに、釘や金物を使います。メリットとしては、

・在来軸組工法に比べると大工の熟練を要しない。
・所要工数が少ないので生産性や現場での作業性が良い。
・気密性が良いので遮音性や防火性の点で優れている。

などが挙げられます。

　雨が少なく比較的乾燥している北米から輸入された工法のため、当初は壁体内部の湿気が抜けずに内部の木材が腐るなどの問題もありましたが、現在では木材を十分に乾燥させることにより、この問題を克服しています。ただし工法の性質上、躯体工事の最後に屋根をかけるため、施工途中に壁材や床材、断熱材などが雨晒しにならないように注意をすることが必要です。また、完成後には壁を安易に抜くことができないため、在来工法に比べて増改築の自由度が低い、あるいは開放的な

空間が取りにくいといわれることもありましたが、建築基準法の性能規定化により構造計画上の自由度が従来よりも増しました。

●丸太組工法

いわゆるログハウスと呼ばれている工法です。建築基準法では丸太組工法を「丸太、製材、その他これに類する木材を水平に積み上げることにより壁を設ける工法のこと」と定義しています。丸太の他にも角材を使用するものもあります。耐力壁は上下の丸太材同士を「だぼ」という部材でつなぎ、要所を通しボルトで補強します。2階建て以下で高さ8・5m以下を原則とします。

この工法は木材をふんだんに使うので、建物の性能も木材の性質に依存する部分が大きいと言えます。木材特有の香りや感触、空気中の湿気を調整する力、断熱性は快適な室内環境をもたらしますが、建てて数年すると乾燥収縮と木材自身の重さで、壁が下がってくる「セトルダウン」という現象が起こることもあり、注意が必要です。防火性能の点でも外壁などが木製ということで、防火規制が厳しい都市部での建築に一定の制限があります。

木材はその中に相当量の水分を含んでいますが、とくにログ材は大径の丸太材を使用することが多いので、普通の住宅に用いられる一般的な木材より多く含まれています。冬場、太平洋側の地方などでは室内外ともかなり乾燥するので、木材中の水分が抜けて収縮します。新築直後の数か月は、建具の開閉不良といった不具合が出ることもあります。

2-2　木造住宅の構造規定

●構造規程改正の変遷

主に木造在来軸組構法を中心に、建築基準法の構造規定の変遷について簡単に触れておきます。今住んでいる住まいがいつ頃建てられたかにより、その耐震性能の大まかな目安がわかります。

１８９１年に起きた濃尾地震（Ｍ８・０）をきっかけに、建築物の耐震化について本格的な研究が始まったとされています。その後、関東大震災（Ｍ７・９）の翌年（１９２４年）に「市街地建築物法」が改正され、筋かいの設置が義務付けられるようになりました。

１９５０年に建築基準法が制定され、木造建築の壁量規定が初めて設けられました。壁量とは耐力壁の長さのことで、もし床面積１㎡（平方メートル）当り30㎝の壁量が必要だといわれたら、６帖（約10㎡）の部屋の壁のうち３ｍを耐力壁にすればよいことになります。

壁量は１９５９年と１９８１年の２回にわたり強化されていますので、建物が建てられた時期がわかればどういう耐震基準で建てられたものかもわかります。瓦ぶき平屋建ての場合、最初の規定では１㎡当りの壁量は12㎝でしたが、現在では15㎝に強化されています。２階建てや３階建ての場合も同様です。

２０００年には、木造住宅に関する建築基準法の大改正が行われました。主な改正点は以下の通りです。

①地盤調査の事実上の義務化。

②地耐力に応じて基礎の種類を定めた。

③筋かい端部、柱頭・柱脚部の固定方法を明確にして、部位により使用できる金物を指定。

④耐力壁の配置方法を明確にした。従来、単に「バランス良く配置する」とされていたものを、建物のねじれを考慮して、4分割法などを用いて、偏心の程度をチェックするように義務付けた。

●木造住宅の構造計算

建築基準法では、３階建て以上か延べ床面積５００㎡の場合などでは、構造計算が必要になります。計算法は建築基準法の施行令と告示で定められており、通常は許容応力度計算または限界耐力計算という方法で計算します。

２階建て木造住宅では、構造計算によらない場合は、壁量と耐力壁の適正配置などをチェックする方法によ

表 2.1　地耐力に応じた基礎の種類

地耐力（kN/m^2）	採用できる基礎構造
30 以上	布基礎、べた基礎、杭基礎
20 以上～ 30 未満	べた基礎、杭基礎
20 未満	杭基礎

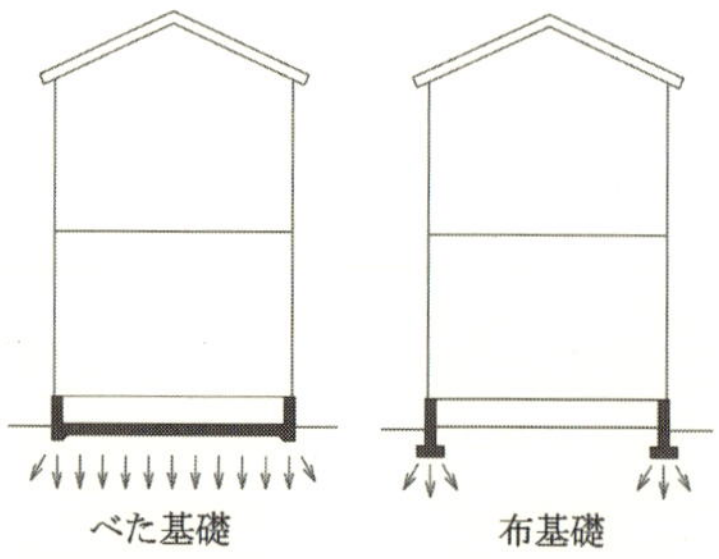

り、耐震安全性をを確かめることになります。確認方法は、おおむね以下の手順で行います。

①基礎構造……地耐力に応じた基礎構造の選定。

②壁量計算……地震力、風圧力に応じた壁量を各階ごとに計算する。

③耐力壁の配置（偏心のチェック）……建物端部の壁量充足率（存在壁量／必要壁量）を計算する。

④接合部……柱頭、筋かい端部の固定金物を部位ごとに特定する。

2-3　木造住宅の耐震診断

１９９５年12月に「建築物の耐震改修の促進に関する法律」が施行され、とくに１９８１年以前の旧耐震基準で建てられた建築物の耐震化を図ることになりました。

２００６年には改正耐震改修促進法が施行され、建築物の耐震化率を10年間で90％に引き上げる目標を掲げています。現行の耐震基準を満たしていない住宅は全国に１、０００万戸以上あるとされており、既存住宅の耐震診断や補強が急務となっています。

国土交通省では人的被害を軽減させる目標として、住宅・建築物の耐震化を掲げています。

・国の耐震改修基本方針、地方公共団体の耐震改修促進の策定
・耐震改修の指導等
・住宅・建築物耐震改修等事業、地域住宅交付金制度による財政支援
・耐震改修促進税制の活用

以上のような具体的目標を挙げ、建物倒壊による死者数を軽減させたいと考えています。

●耐震診断の方法

耐震診断には、居住者が自らできる簡単なものから、専門家が現地で外観目視調査をして診断するもの、さらに詳細な調査を行って精密に診断する方法まで、3段階の診断法があります。

①簡易診断法……簡易な診断法は日本建築学会の「我が家の耐震―木造編」、日本建築防災協会の「誰でもできるわが家の耐震診断」などのほかにも木造住宅簡易診断（足立区版）のように行政が独自で用意したものなどがあります。簡単な間取り図面が必要なものから、図面のいらない問診形式のものまであります。

②一般診断法……一般に最も多く用いられている診断法で、在来軸組構法、枠組壁工法、伝統的構法などで3階建てまでの建物を対象とします。図面を作成し耐力壁の種類、数量、配置などのチェックを行い、補強の要否や大規模地震に対する倒壊の可能性の有無を判断します。

③精密診断法……一般診断法と同様、在来軸組構法、枠組壁工法、伝統的構法、など3階建てま

での建物を対象とします。構造に対する専門知識を有する建築士などが行う精密診断法です。筋かいや柱の固定方法を詳細に調査して、耐震補強の要否の最終確認や補強後の耐震診断を目的としています。診断の方法としては保有耐力診断、保有水平耐力計算、限界耐力計算などがあります。

公的な機関のホームページで公開されている簡易診断法

日本建築学会のHPにある「わが家の耐震」のコーナーには、木造、RC造それぞれに対してHP上でできる簡易診断のページがあります。

●社団法人日本建築学会

http://www.aij.or.jp/aijhomej.htm

日本建築防災協会のHPには、「誰でもできるわが家の耐震診断」をはじめ、いろいろな防災に関するコーナーがあります。少し専門的な知識も必要ですが、我が国の耐震に関する動きも把握できます。

全国の耐震診断・改修の相談窓口を都道府県別にまとめた「耐震診断・改修の相談窓口一覧」もありますので、参考にされるとよいでしょう。

●財団法人日本建築防災協会

http://www.kenchiku-bosai.or.jp/

2-4 木造住宅の耐震改修

一般診断では、「立地条件」「基礎」「上部構造」、精密診断では「建物の耐力」「各部の検討」について評価されます。立案される補強改修計画全体を把握しながら、費用と効果のバランスが良い耐震補強を行うことが重要です。また、リフォームを行う時に、併せて耐震改修を行うことができれば、費用や工期の面で建て主の満足度が高くなります。リフォームを予定されている方は、ぜひ耐震診断をされることをおすすめします。

●耐震補強の４つの方法

精密診断の結果、耐震改修が必要と診断されたら、全体を把握しながら、費用と効果のバランスがとれた改修を行いましょう。

耐震補強は、大きく４つの方法に分けられます。

①強度補強型……耐力壁で建物全体を強くする方法

②靭性補強型……建物をねばり強くして、倒壊を防ぐ方法

③強度・靭性補強型……①、②をあわせた方法

④地震力低減型……制震・免震工法などで構造体に伝わる地震力を小さくする方法

それぞれの建物の特性に合った補強をしなければ、地震後の被災状況に影響します。各部位の耐震補強の留意点を示します。

・地盤……軟弱地盤の場合は壁の量を割増したり、地盤改良などを考慮する。

・基礎……無筋コンクリート造の基礎では極端な応力集中が起きないように耐力壁の配置に注意したり、新たに鉄筋コンクリート造の基礎を沿わせて補強する。亀裂などは補修を行う。

・上部構造……開口部のない耐力壁以外にも小壁、腰壁付き、袖壁付きの断面の大きな柱も耐震性能があるので、耐力要素として考慮する。また壁などは建物が一体となって作用できるよう接合部に十分注意をはらう。

2-5 木造建築を設計する立場からの強い提案

日本の戸建住宅の約93％が木造（ツーバイフォー、木質プレファブを含む）建築です。

本書で既に幾度も記しているとおり、木造建築だからといって地震に弱かったり、耐久性に劣るということは本来ありません。逆に、多くの木造建築は痛んだ箇所だけを比較的簡単に修繕できるという、優れた特長をもっています。ただし、地震が多発し、高温・多湿・多雨という日本独特の気候・風土は、木造建築といえども厳しい条件下にあります。木造建築を設計する（建築士）立場から、いくつかのポイントを列挙しておきます。

●改修・増改築の注意点と費用

■メンテナンス・雨漏り

どのような構造・工法の住宅でも、メンテナンスは必要です。経年劣化に伴う改修から、日常の清掃というような軽微な作業など、メンテナンス次第で建物の寿命や性能は大きく左右されます。そのためには、自分の住まいを日常的に点検することが大切です。特に外壁や基礎のクラックなどは、速やかに対処するのはもちろんのこと、植木鉢や物で床下換気口を塞がないというような些細なことまで、気に留めておく必要があります。都市部の限られた敷地では難しいかもしれませんが、気軽に家のまわりを歩けるような配置計画も考慮すべきですし、通風などへも好影響をもたらします。

雨漏りは木造建築にとっては大敵です。一度雨漏りすると自然に修まることはなく、木材の腐朽を早めます。普段目に入らない所の点検も重要です。

■場当たり的な増改築に注意

狭さの解消や部屋数不足など暮らしの不便さを解消するための増改築においても、必要に迫られて場当たり的な増改築がなされ、得てして本来の生活改善になっていない状況が多々見受けられます。増改築により既存部分の日照や通風を妨げたり、構造のアンバランスを生じさせている例など、よかれと思ってしたことが、建物の耐久性や安全性に悪影響を与えることもあります。増改築こそ総合的な視点での設計と工事監理が重要です。

■費用の目安

長く住み続けるにはメンテナンスや暮らしの変化に伴う改修工事が不可欠です。改修工事は新築工事と異なり、予想していなかった劣化や不具合など「蓋を開けてみなければわからない」部分がどうしても生じます。だからこそ改修工事には、公平中立な立場の建築家が必要になります。

建築家に改修を依頼する場合に、一般の方が気にかかることの一つが「設計料」です。新築工事の場合はある程度の目安（工事金額の10～15％程度）が一般化しているようですが、改修工事の場合は建築家に依頼する例自体が少なく、依頼側としては想像がつきがたいというのが現実です。

一つの目安としては、基本額50～70万円＋工事金額の8％程度（例えば、改修工事費３００万円の場合、50万＋24万円＝74万円）の報酬金額を設定している建築家が多いようです。

●望ましい耐震診断・耐震改修のために

■評点１・０未満の改修は？

耐震診断・耐震改修の重要性は既に述べた通りです。しかし、予算など様々な制約があるため、改修しても安心できる耐震評点「1」を満たすのが困難なケースもあります。このような場合でも、住む人の生命・財産を守るという視点から、少しでも安全性を高めることは重要なことです。そのためにも経験豊富な建築家と相談して、優先順位をつけてバランスの良い改修を行うことが重要です。また同様の視点から、耐震評点「1」に満たなくても様々な支援策を講じている行政も増えています。

■耐震診断・補強設計に詳しい建築家に依頼する

耐震改修の方法、解答は一つではありません。建物の状況、暮らし方や予算など多様な条件下で効率の良い改修を行うには、耐震診断・補強設計に詳しい建築家が必要です。一般の方が経験、研鑽を積んだ建築家を探すのは簡単ではありませんが、過去の事例などを尋ねるのも一つの方法です。また日本建築家協会（ＪＩＡ）住宅部会の、安全・防災ワーキング・グループに所属する建築家に相談するのも方法です。

●地震災害と建築家の役割

・被災家屋の調査・相談

・平時から事前復興訓練

■施工業者の選定も建築家と相談しながら

耐震改修工事にあたっては、単にリフォームの経験だけでなく、耐震改修の知識と技術に長けた施工業者が求められます。とはいえ、専門知識のない一般の人が、相応しい施工業者かどうかを判断することは非常に難しいでしょう。やはり選定にあたっては、建築家と相談されることを勧めます。

最後に、危険な建物とは、
①手抜き工事、
②無知、忘れ、技術不足による施工、
③場当たり的な増改築と無理な注文、
④老朽化・劣化、
などが挙げられます。ご自分の住まいで気付かれた点があれば、早めに建築家に相談するとよいでしょう。

【第２章　参考文献】

[1] 木造住宅の構造設計、建築技術、２０００年10月
[2] 地震に強い建築の設計ポイント、建築知識、１９９５年5月
[3] 国土交通省住宅局建築指導課監修：木造住宅の耐震診断と補強方法２００４年改定版、(財) 日本建築防災協会発行

第3章

家具や設備の被害と対策

3-1 家具による被害と地震対策

東京都の「阪神・淡路大震災調査報告書」（以下「調査報告書」という）に、地震直後に神戸市消防局が避難所の住民840人に行ったアンケート結果が掲載されています。それによると、発災時にはおよそ7割の人が就寝中でした。また、2割の人が家族に負傷者がでたと回答しており、その負傷原因として、家具の下敷きが21・9％と、建物の下敷き24・7％に次いで多く、鋭利物に接触13・5％、重量物の落下10・4％が挙げられています。

「首都直下地震による東京の被害想定（2006年、東京都）」（東京湾北部を震源とするM7・3）（以下「東京都の被害想定」という）によると、家具、電気器具など屋内収容物による負傷者は5万4、501人（うち重傷者9、647人）となっています（**表5・1**参照）。

●宙を舞う家具

壁などに固定していない家具は、地震の時に倒れて非常に危険であるということはよく知られています。阪神・淡路大震災による被害でも、ピアノなどの重量物やテレビなどの家電製品が、一部屋を飛び越えて反対側の部屋に飛んでいったという報告もあります。地震の加速度によって、非常に大きな衝撃力が家具に加わったことを示しています。

福岡県西方沖地震でも、玄界島の公園内のあずま屋のコンクリート柱が、4本とも同じ方向に曲がってしまった例がみられました（**図3・1**）。あずま屋の建っている地盤が地震で勢いよく揺れた結果、屋根の重みで慣性力が大きく働いたことによるものです。

家にあるものの中でも、とくに重量のある食器戸棚やピアノ、さらにテレビや冷蔵庫など、普段私たちの生活に馴染みのあるものが、一転して凶器に変わってしまいます。「力」は物の重量とそれに加わる加速度とを掛け合わせたもので表されます。重いものは、なるべく低い位置に置くようにしましょう。

図3.1　柱が曲がったあずま屋

●家具による人的被害を防ぐ

家具による人的被害を防ぐには、

①家具を建物に固定する、

②家具の配置を工夫する、

と良いでしょう。

造り付け家具にすれば転倒や移動による被害は無くなります。造り付けにした場合は、地震によって引出しが飛び出したり、扉が開いて中のものが飛び出さないように工夫されたセイフラッチ（安全金具）などの金物も一緒に考えると良いでしょう。

室内の安全性を向上させるためには、

①家具は固定あるいは転倒防止策を講じる、
②寝室に背の高い家具を置かない、
③高い所に物を置かない、
④家具や家電品はできるだけ低い所に固定する、
⑤家具や窓のガラスには飛散防止フィルムを貼る、

などを行っておくことが大切です。

家具を建物に固定するには、固定金具や突っ張り棒、転倒防止用敷物などを用います。また、就寝中は倒れてきたものを避けることができないので、倒れるおそれのある家具は寝室に置かないことが大事です。テレビやデッキ、スピーカーなどは、しっかり固定しておき、基本的には上から物が落ちてくることがないようにしたいものです。

高齢者や幼児は無防備であるばかりか、ちょっとした物に当たっても大怪我をする可能性があるので、とくに配慮が必要です。

固定の方法いろいろ

- タンス等を壁に固定する場合には、壁の材料や下地材の位置も考えましょう。
- 天井と家具の間に突っ張り棒を入れて固定する場合は、天井に触れる面が少なかったり、天井までの空きが大きいと有効には働きません。天井は軽い材料で造られており、部分的な力には弱いためです。
- 床と家具の間に入れる転倒防止用の敷物は、一種の免震効果が期待できる粘性のあるゲル状の商品も販売されています。
- 造り付け家具や固定した家具には、引出しが飛び出したり、扉が開いて中のものが飛び出さないようにセイフラッチ（安全金具）などを付けることも考えましょう。

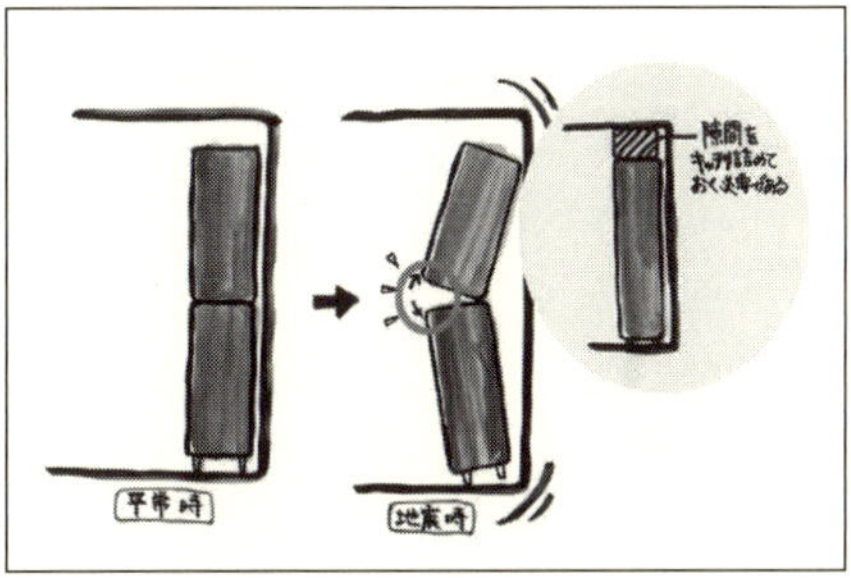

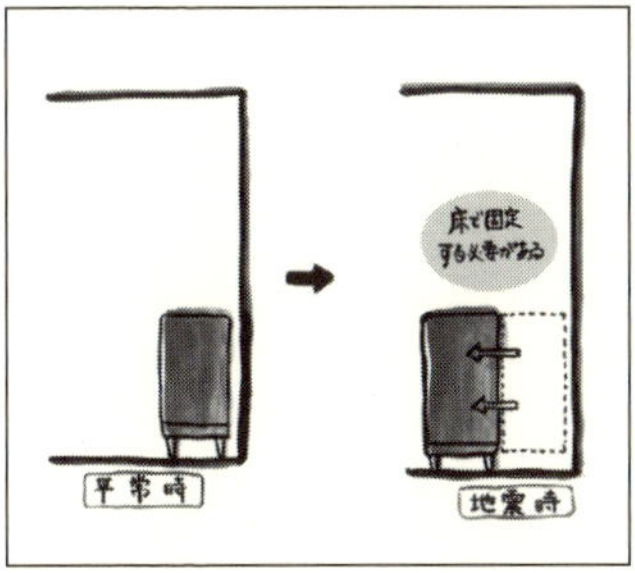

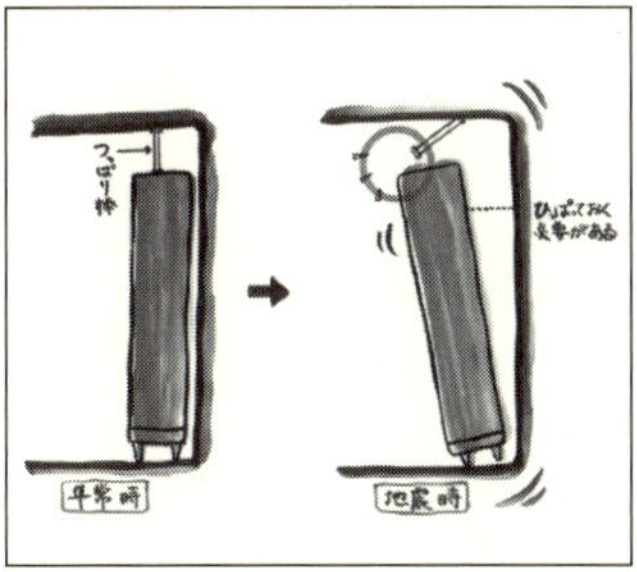

3-2 ライフライン設備の被害と対策

阪神・淡路大震災では、神戸市および阪神間9市と淡路地区5町で全戸数の9割に当たる127万戸で断水しました。水道の復旧までに90日かかっています。同様に電力の復旧は6日、ガスは85日かかりました。

ここでは、予想されるライフラインの被害と復旧の概要を挙げてみます。

●給排水設備

大きな地震では、給水管の道路での漏水、宅地内での漏水、さらには浄水場や送水施設、配水管などの被害も予想されます。上水道が復旧するまでの間は、給水車など外からの給水に頼ることになります。被災直後から数日間は給水を十分に受けられない可能性があるので、普段から家族1人につき1日分として3L（リットル）程度の飲料水を、数日分は用意しておいたほうが良いでしょう。水道の復旧に際しては、敷地内の漏水箇所を点検する必要があります。

被災直後は、給排水管に異常がないことを確かめてから、トイレを使うようにします。タンクの水は、いざという時の飲料水としての利用も考慮して、すぐには流さないようにします。

下水道の高普及地域では、排水設備や取付け管が損傷するなど下水道設備に被害が生じると、給水系統が正常でも、下水設備が復旧するまでの間は水洗トイレは使えず、自治体などが設置する仮設トイレを使用することになります。し尿処理の問題は被災直後から生じるので、仮設トイレ設置までの間は、家庭用の簡易トイレなどが必要になります。

避難所生活を強いられながら、仮設トイレが不足するなどの状況は非常なストレスとなるので注意が必要です。

●ガス設備

ライフラインの中でもとくに復旧に長期間を要しますが、ガス会社は、地震の揺れを感知して元栓の手前で自動的にガスを遮断する装置を各家庭に設置しています。したがって、緊急時の対応はひとまず安心といえます。

ガスの復旧後には、敷地内でのガス漏れがないか注意が必要です。ガス機器や配管類の損傷の有無は一見してわからないので、ガスレンジ、ガスオーブンなどの調理機器や湯沸機、ボイラなどの熱

東京ガスのマイコンメーターの安全機能

1. ガス管の破損などできわめて多量のガスが流れると、自動的にガスを止めます。
2. ガス機器の消し忘れなど、異常に長時間ガスが流れ続けると、自動的にガスを止めます。
3. 震度5強相当以上の地震を感知すると自動的にガスを止めます。
4. ガスが30日以上連続して流れ続けると、それがごく微量であってもメーターに警告表示をします。

源機器、給排気筒、配管類など一通り点検を受けてから使用を再開します。プロパンガスを使用している場合は、ガスボンベが地震の衝撃で外れていないかどうかの点検も必要です。

●電気・通信設備

電力が復旧するまでは、およそ1週間。ライフラインの中では最も短期間に復旧します。停電したあと復旧して電気が通じることを復電といいますが、地震災害では、復電後の電気器具などによる火災も多々報告されています（**第４章**参照）。ガスの場合は、住人が安全を確認しながら個々に復帰操作を行いますが、電力は一斉に復電するため、十分な安全確認がじにくいという指摘があります。

建物が大破するような大きな地震では、電柱が倒れて電線が引き切られることがあります。木造住宅密集地の狭い路地では電線が輻輳しているので、たいへん危険です。建物の中でも電線が切れたり、外れて火災や感電するおそれもあるので、十分注意を払う必要があります。

照明器具、冷蔵庫、洗濯機、掃除機、炊飯器、電気ポット、テレビ、ラジオ、電話、インターホン、パソコンなどの家電・情報機器の他にも、給・排水ポンプ、給湯器、冷暖房機器、換気扇、ホームエレベータなど、家庭内で使用するほとんどの設備機器が使えなくなりますので、停電中の生活環境の変化をイメージして対応策を考えておく必要があります。

そんな場合でも、電話やラジオなど最小限度の情報通信機器は使えるようにしておきたいものです。災害時用として手動充電式のラジオや懐中電灯もありますが、少なくとも携帯電話、ラジオ、懐中電灯などのための電池は常備しておく必要があります。ビルなどでは廊下や階段等避難経路になる部分に、停電時に内蔵電池または充電式電池で30分間点灯する非常用照明設備の設置が義務付けられています（建築基準法第35条）。一般家庭用としては、コンセントに差し込んで使用できる充電池方式の非常灯が市販されています。夜間の停電時などに、廊下や階段での転倒や落下などの事故防止に役立ちます。

●ホームエレベータ

２００５年7月23日の千葉県北西部地震では、首都圏の約6万4、０００台のエレベータが運転を休止し、このうち78台で閉じ込め事故が発生しました。緊急地震速報を利用して地震が来る前にエレベータを停止させて、閉じ込め事故防止に成果をあげる等、ハード面の技術は進んできています。一方で閉じ込められた場合の連絡方法、早期救出体制の整備、適切な情報提供などソフト面の整備が急務とされています。

「東京都の被害想定」では約9、２００台のエレベータで閉じ込めが発生すると予測しています。家庭用のホームエレベータも普及してきていますので、今後は住宅内のホームエレベータによる閉じ込め事故も予想されます。

お年寄りや体の不自由な人が、かご内に閉じ込められた場合の、外部への連絡方法には万全を期したいものです。かご内電話、ブザーなどの装置の他、扉に窓があると恐怖感をやわらげることになるのではないでしょうか。

●身近な設備機器の進化、予測できること、思いがけないこと、心がけ

２００６年8月14日の朝、東京は広範囲にわたって停電になりました。停電にならなかったところでも、サーバーが動かなくなりパソコンが使えないなどの障害がでました。被害や、復旧などの情報伝達手段としてのインターネットの活用は、これからますます重要度を増すことが想定されます。日頃から電話回線、インターネット回線、セキュリティの警報回路、などの配線経路や機器の安全対策、保護機能などを把握しておくと、いざという時に早い対応ができます。

２００４年8月に東京で震度5の地震がありました。その時は一時的に、携帯電話の回線が対応しきれず不通の状態が発生しました。新潟県中越地震では、携帯メールが災害復旧の通信手段として有効に機能しました。情報の発信、相互連絡の方法のシミュレーションを、家族や身近な人たちと試みておくことも重要です。また自宅以外の場所で被災した場合などに、遠隔操作カメラ等により留守宅の状況を確認できれば安心です。

一方、そういった情報機器は便利さと同時に脆弱さも持っています。便利さと反するようですが、最新機器に頼らない心構えも必要です。たとえば、雨水や太陽エネルギーを既存設備と併用して使う生活は、同時に非常時への備えにもなります。

雨水を水洗便所の洗浄水に利用したり、太陽光発電を省エネルギー、エコロジーの視点だけではなく防災の観点から積極的に取り入れることも重要でしょう。

第4章 防火と避難

4-1　防　火

阪神・淡路大震災における死亡原因の8割以上が建物倒壊等による圧迫死であり、次いで火災によるものが1割を占めていました。建築物の被害の内、住宅の損壊・延焼は52万戸といわれています。地震から人命を守るためには住宅等の耐震化・不燃化を地域全体で行うことが重要です。建物の倒壊を抑制できれば出火や火災延焼の危険性を軽減することができ、避難場所まで安心して避難できます。

地震に対する防火の知識を事前に身に付け、適切に避難できるように平時からの準備が大切です。

●火災の状況

阪神・淡路大震災では、地震発生直後から、とくに地震動の大きかった地域を中心にして、同時多発的に火災が発生しました。兵庫県からの要請に応じ、大阪市消防局10隊50人が長田区に到着したのを皮切りに、自衛隊陸上部隊等の応援体制が敷かれるという非常事態が起こりました。

火災の半数以上は、地震直後から午前7時までの1時間余りに発生し、他の半数は1時間以上経過してから断続的に発生したものでした。神戸市消防局は、震災後の10日間に発生した火災について、①通常時より件数が多いことと、②広範囲にわたり焼失したことを指摘しています。

出火地点の分布を見ると、震度6以上、とくに7以上の地域に多く、家屋被害とほぼ比例しています。神戸市内では、大規模延焼火災の集中した長田区以外の地域でも、ほぼ均一に発生していることがわかります。

耐震性能の低い木造住宅では、準耐火性能[注1]をもたせた屋根や外壁・軒裏が剥がれ落ちてしまい、出火や延焼の要因になります。

●出火原因と復電火災

各消防局・消防本部の資料をもとにした出火日別の、推定発火源別火災件数の合計338件の火災の原因別区分は**表4・1**のようになっています。出火原因の判明した火災のうち、最も多かったのは電気器具等が関連する火災で、次いで、石油ストーブ・石油ファンヒータ、ガス器具など燃焼機器関係でした。

出火原因を時間別にみると、地震直後では電気を発火源・ガスを着火物とするものが多く、地震の数時間後およびその翌日以降の火災では電気関連によるものが多かったとされています。

注1　準耐火性能：壁に必要な非損傷性および遮熱性がともに、通常の火災による加熱が加えられた場合に、20分間はその性能を保つこと。

普段とくに異なる出火原因として「復電火災」が目につきました。大地震の際には、ライフラインなども被災し停電になりますが、点けたままの電気器具等が家屋の倒壊等で下敷きになっていて、電気の復旧とともに通電、出火するという火災です。

阪神・淡路大震災では、被災地域の約5割の住民が学校施設などに避難したといわれています。住民が避難した留守宅で、送電回復によって同時多発的に火災が起きています。道路の障害や消防車の台数にも限りがあり、初期消火できずに火災が広がっています。避難する際には、復電火災と

表 4.1　推定発火源別火災件数

火災の原因区分	件　数
電気設備・器具	58 件
電気コード・配線など	27 件
燃焼器具	27 件
その他	78 件
不　明	148 件

表 4.2　初期消火できなかった火災の出火原因

1.	火気器具・電気器具
2.	化学薬品
3.	危険物施設
4.	工場炉
5.	LP ガスボンベ
6.	高圧ガス施設
7.	電気機器・配線
8.	自動車
9.	漏洩ガス

ならないようブレーカーを落とすことが重要です（近年のガス栓は大半が、地震時に自動的に切れるようになっています）。

　近年の地震火災事例に基づき、市民では初期消火できなかった火災の出火要因を**表4・2**に示します。

●初期消火での対応

　震度7というような大きな揺れの最中には、まず身の安全を図ることが最優先となります。阪神・淡路大震災でも火気を使用していた人の約半数は「火の始末ができなかった」と証言しています。激しい揺れや倒壊する建物の中での火への対応の難しさを示しています。

　また、一般の市民は普段から、消火活動は公設消防組織が対応してくれるもの思い込ん

●連結送水管

7階建て以上の建物や床面積が $6,000m^2$ 以上の建物など、大規模な建物に義務付けられている。送水口、送水管、放水口からなる。外に出ているのは送水口の部分。消防のポンプ車は送水口に注水し、消防隊は屋内の放水口からの水で消火活動を行う。消防隊専用栓ともいう。

でおり、火災を知っても他の救助活動に従事していたり、傍観していた人も多く、火災発生直後に初期消火活動に参加する市民は必ずしも多くはなかったといわれています。

実際には、倒壊建物等による道路閉塞、交通渋滞などが消防車両の通行を阻み、また水道管被害による断水のため、消火栓が使用不能となった地域もあって、火災が拡大しました。

大地震が起きた時は、まず火元の確認と初期消火を、さらに近隣への呼びか

●路地の消火栓

け・地域の消火活動により被害の拡大を未然に防ぐことが重要です。阪神・淡路大震災でも、市民による初期消火の重要性が指摘されました。割れた窓ガラスをロッカーで塞いだり、可燃性の高いカーテンを外し類焼を防いだり、バケツリレーで多くの市民が消火活動を行い延焼拡大を阻止し、火元で焼け止まった火災現場も多かったといわれています。

地域全体としては、自らが火元となって他の建物に燃え広がることのないように（延焼防止）、また、他から燃え移った火によって焼けることのないよう（類焼防止）に、耐震性能・防火性能を高めるなど、住まいの質を高める必要があります。

●延焼拡大の要因

阪神・淡路大震災の際、神戸市長田区などで大規模火災へと拡大した原因は、古い木造家屋の密集地だったためといわれています。木造のため可燃物の量が多く、道路を塞いだ倒壊家屋や瓦・モルタルの落下した軽微な被害の木造家屋などが延焼経路となり、火災を助長しました。

防火性能の高い堅牢とされる耐火建築でも、地震動で破壊されて耐久性を失い、延焼の拡大に働いた例もあります。また、危険物・可燃物の多さによる火勢の強さや、建築物の倒壊等によって隣接へ延焼した例もありました。また、低層の住宅・商業地に単独で建つ耐火中層建築物が火災になり、周囲の空気を取り入れて内部が激しく炎上し（かまど現象）、上層部の窓から延焼拡大を助長した例もありました。

さらに、断水が消火活動の妨げに追い打ちをかけます。東京都の場合、阪神・淡路大震災など過去の震災のデーターから、想定地震の揺れ、液状化の発生状況、水道管の材料、管の太さ、整備状況を考慮すると、断水率２６・８％と試算されています。阪神・淡路大震災でも、地中埋設管の亀裂、停電によるポンプの作動不能などで消火栓が使用不能となり、防火水槽のほか、プールの水、河川水、ビルの水槽の水、海水まで消火活動に使われました。

●延焼防止の要因

これに対して、延焼を差し止めた要因としては、次のような点が挙げられています。

①道路や線路の存在……とくに幅広い道路が延焼阻止のうえで主要な役割を果たしました。

②耐火建築物の存在……列状の耐火建築物群が主体になって延焼防止に役立っています。

③空地の存在……他との組み合わせ（ポケットパークや駐車場のような小規模な空地とそれに隣接する耐火

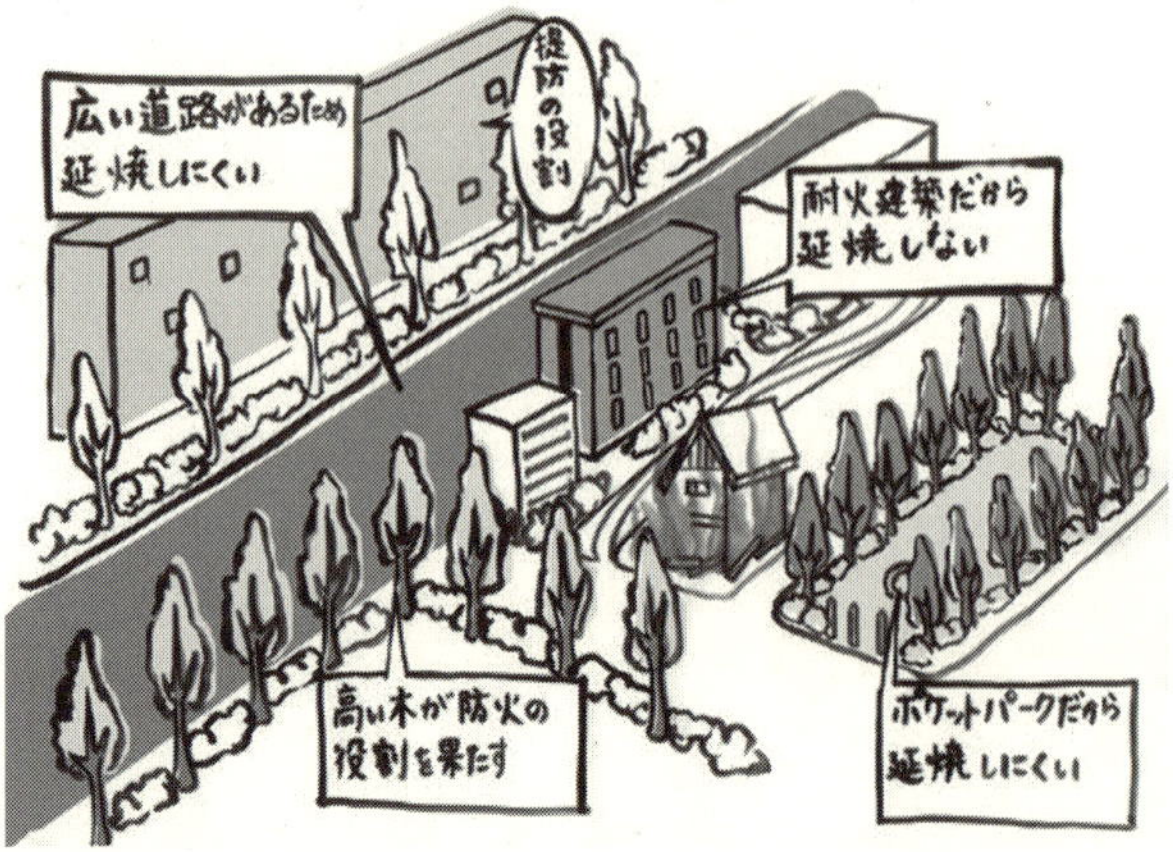

造・簡易耐火造等との組み合わせ）によって相乗効果があります。

④公園と緑の存在……大規模な市街地火災の多くは、樹木による緑被率がきわめて低い地域で発生しているとの調査結果があります。またサザンカ等の一般的に常緑樹で、葉が肉厚であり、樹形が大きいものを防火樹といいます。

⑤開口部対策……防火シャッターや金属製雨戸、網入りガラス（火災の被害状況調査では、網入りガラスの残存割合が高かった）など適切な開口部対策が延焼を阻止した例もあります。

●住宅の消火設備

①住宅用火災警報器

火災による煙または熱を感知して火災の発生を警報音または音声で知らせてくれる機器です。火災の他にガス漏れなどを感知し、知らせてくれる複合機もあります。

煙を感知する煙式と熱を感知する熱式があります。煙式の方が火災をより早く感知できるが、火災以外の煙を感知するおそれのある台所は熱式が適しています。

②住宅用消火器

一般住宅からの火災を対象にした小型で軽量な消火器です。本体の色は、ベージュやグリーンなどがあります。木材・紙・布等の普通火災、灯油・ガソリン等の油火災、電気器具・電気設備等の電気火災に対応できます。消火薬剤は粉末または強化液型の2つのタイプがあります。使用期限は、製造から5年間または8年間で、薬剤の詰め替えはできません。

③住宅用スプリンクラー

住宅火災による死者の約6割は、火災に気づかず「逃げ遅れ」によるものです。住宅用スプリンクラーは出火時、約60℃で警報ブザー、約72℃で散水を開始し、避難を促すだけでなく避難路の確保と避難時間の確保を図れます。

④出火防止対策機能付き燃焼機器等

ガステーブル、石油ストーブ・ガスストーブなどは安全機能重視タイプが望ましく、感震自動消火付き（震度4以上の揺れで自動消火）や転倒時ガス遮断装置付きのものが良いでしょう。

電気ストーブは落下物で通電しないように、電源スイッチがロータリ方式のもの等が望ましい。また、転倒状態で確実に電源が切れるものが望ましい

⑤感震ブレーカー

住宅用消火器の種類と特長

粉末消火器……①瞬時に炎を抑え消火できます。②浸透性が無いため、燃えているもの（木材等）によっては再び燃えあがることがあるので、さらに水をかける必要があります。③強化液消火器に比べ薬剤の放射時間と放射距離が短いので、火元をよく狙って消火する必要があります。④狭い部屋だと薬剤の拡がりが激しく、視界が悪くなることがあります。

強化型消火器……①水系薬剤のため浸透性があり、木材等の火災には有効です。②瞬間的に炎を消すことはできませんが、冷却効果があります。③粉末消火器に比べると、放射時間と放射距離は長い。

エアゾール式簡易消火具……①天ぷら油火災等の初期消火に効果を発揮します。②軽量で取扱いが簡単です。

感震器で検知した地震信号がある設定値以上になると、ブレーカー等で電気を遮断する。

⑥観賞魚用ヒータ

過熱防止装置付きのもの、水中でないと通電しないものが望ましい。

4-2　避　難

震災時には、住民の約5割が近隣の学校等に避難したといわれています。慌てずに住宅から避難できるよう、普段から防災訓練に参加して近隣住民や家族間で話合い、避難場所や防災拠点の確認・住宅内の避難経路・避難場所までの避難経路を確認し合うことが重要です。

●まずは耐震補強

地震による死亡原因の多くは圧迫死ですから、まず、住宅の耐震性能の向上を最優先とするべきです。老朽化している住宅等は、建築家など信頼できる専門家に相談し、耐震診断を受けて適切な補強をすることが望まれます。

耐震性能が確保され、さらに家具等を造り付けにするなど配慮されている住宅では、倒壊や転倒による圧迫死から身を守ることが可能です。

耐震性能が低い住宅は、危険なので早期の避難が望まれます。ただし、大きな揺れの間は屋外でも家屋の倒壊・ガラスの飛散・塀等の転倒などにより、かえって危険ですから屋内の一時的に安全な場所で避難しましょう。まだ耐震補強されていない住宅では、就寝場所を2階や耐力壁で囲まれた空間にするほか、耐震ベッドや避難用シェルター等の利用も考えた方がよいでしょう。

●避難にあたっては火元の確認

避難するにあたっては、出火防止・延焼防止のために、火元の安全を確認することが重要です。地震直後の電気・ガスによる出火、その後の復電火災を防止するためにも、日頃から防火対策を確認することが大切です。電気・ガス・石油ストーブの確認、ガス元栓、電気ブレーカーを切り、安全を確認したうえで避難しましょう。

出火した場合は、火勢・熱だけでなく、煙にも気を付けましょう。煙の恐ろしさには、「窒息」「有害ガスの発生」「視界を遮る」の3つがあります。

煙を吸い込むと煙の微粒子が気管から肺に入り、呼吸を困難にします。また煙には一酸化炭素や塩素ガスなどが含まれており、人体

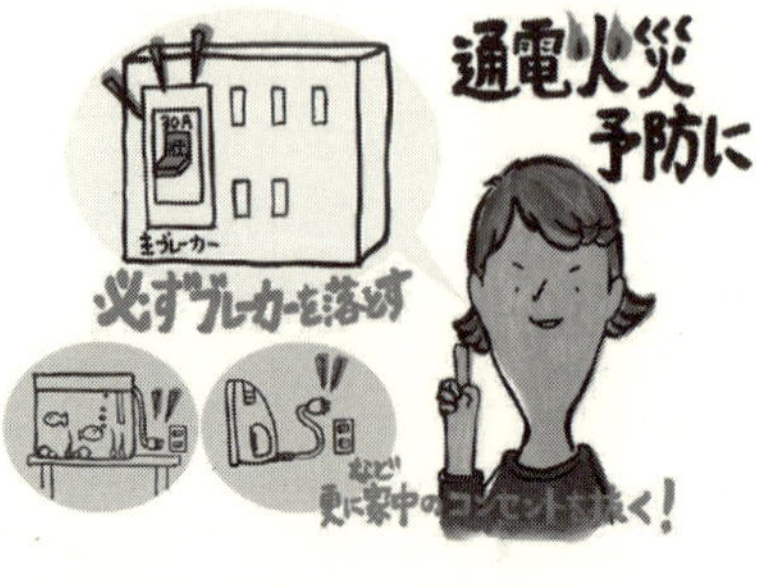

に有害です。そして煙に見通しを遮られ、非常口や避難口を見失い、パニックを起こし、逃げられなくなります。

火災になったらタオルやハンカチを口に当て、姿勢を低くして逃げましょう。天井近くの、直接外気に面しているところに窓を設け、排煙するのも有効な手だてとなります。

●避難経路の確保

密集市街地ではその性格上、敷地内通路が狭くなりますから、避難経路も近隣と融合した配置計画が必要です。3方向が隣家で、前面道路が塞がれた場合の避難方法も確認し合いましょう。住宅の高層化、居住者の高齢化でエレベーターを設置した住宅も増えていますが、停電で使用できなくなることも多いので、避難経路と考えない方が良いでしょう。とくに障害者や高齢の方等の避難経路に配慮が必要です。

①玄関扉等避難出口の確保

密集地の場合、出入り口や屋外に面する開口部の多くは防火性能のあるものとなります。金属製の玄関扉や網入ガラスのアルミサッシ等となるので閉じている時には延焼防止の効果があります。地震が発生して家屋のひずみがでると建具の開閉が困難になります。

②2方向避難の重要性

最近は木造3階建ての住宅も多くなっています。小住宅の場合は2方向避難の義務はありませんが、3階のバルコニー等に避難器具を設け、内部の階段とは別の避難経路を配慮しておくことも大切です。同じ様に、1、2階でも2方向の避難経路が確保できることが望ましいでしょう。

③廊下・階段の安全性

住宅の室内階段について、建築基準法では

　踏面15㎝以上、蹴上23㎝以下、幅75㎝以上

と規定されています。高齢者の方などのためには、少なくとも

　踏面19・5㎝以上、蹴上／踏面＝22／21㎝以下で、

　55㎝≦踏面＋（2×蹴上）≦65㎝、幅78㎝以上

が望ましいでしょう。

④その他の安全配慮

夜間の被災も考慮し、常備灯の準備や定期的な点検も必要です。普段から家具や電化製品等転倒するものは置いていないか、余計な物によって幅が狭くなっていないか、何かで遮断されて避難が困難にならないか、確認が必要です。

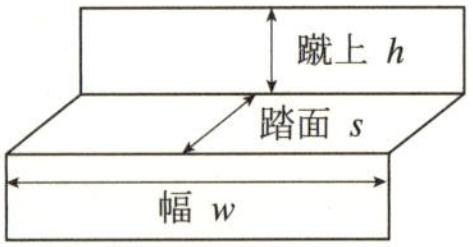

（建築基準法による室内階段の仕様）

$s \geqq 15\,\mathrm{cm}$　,　$h \leqq 23\,\mathrm{cm}$　,　$w \geqq 75\,\mathrm{cm}$

（推奨される室内階段の仕様）

$s \geqq 19.5\,\mathrm{cm}$,

$s/h \leqq 22\,\mathrm{cm}/21\,\mathrm{cm}$ かつ $55\,\mathrm{cm} \leqq (s+2h) \leqq 65\,\mathrm{cm}$,

$w \geqq 78\,\mathrm{cm}$

図4.1　室内階段の仕様

ガラスの飛散等も考え、就寝場所にはスリッパや靴を置いておき、安全に避難できるようにします。ガラス飛散防止にはフィルムを貼ることやカーテンを閉めておくことも有効な手段です。

●避難場所までの避難経路と携行品

日頃から被災時の家族の連絡先と連絡方法、避難場所と避難路を確認し合うことが大切です。家屋の転倒や落下、ブロック塀による被害、自動販売機の転倒、崖、古い橋など予想される危険箇所を普段から確認しておくことも重要です。塀が倒壊することで人的被害だけでなく、道路の通行の妨げにもなります。建物の外壁に取り付けられたクーラーの室外機や看板、道路沿いに積みあげられた物品などの落下や倒壊等も同様です。

現在ブロック塀を使われている場合は、安全の確認が必要です（表4・3参照）。

避難場所への非常持ち出し品等は最低限として、頭を保護しタオルを身につけ避難し、近隣の人達となるべく歩いて行動しましょう。避難時に自分の安否や避難場所がわかるよう玄関先などに表示しておくことも混乱を防ぎます。

表 4.3　ブロック塀の安全確認 5 項目

1.	コンクリート基礎が地盤面より 30 cm 以上根入れされているか。
2.	塀の高さは地盤面から 2 m 以下か。
3.	塀の長さ 3.2 m ごとに 40 cm の控え壁があるか。
4.	塀が傾き、ひび割れ、鉄筋の錆はないか。
5.	9 mm の鉄筋が縦横 80 cm 間隔で入っているか、縦筋は頂部横筋に、基礎下端の横にかぎかけされているか。

避難に際しては、病人、高齢者、障害者、外国人、乳児等への配慮が必要です。無事避難所についたとしても、また幸い自宅で避難できたとしても、救援体制が整い、救助物資が届くまでに約3日間かかるといわれています。そのためには、3日間を自力で生活できるよう以下のものを参考に準備しておきましょう。

・非常持出品（貴重品、非常食品、照明器具、救急衛生用品、衣類、携帯ラジオ）

・備蓄品（水、燃料、食料品）

第5章

地震災害と地域社会

5-1
木造住宅密集地域と地域社会

木造住宅密集地域は、都市基盤施設が十分整備されないまま早くから市街化が進み、多くの建物が老朽化し、建て替え、更新時期を迎えています。

地域の特性として既存不適格建築物や違法建築が多く、狭小敷地、狭あい道路、行きどまり道路や道路そのものが少なく、接道条件そのものを満たしていない場合も多く見られます。また公園などのオープンスペースが少なく、道路幅員も狭いため、火災危険度も高い地域です。

第１章で述べましたが、地震時に大きな被害が想定される密集市街地は全国に2万5、０００ｈａあり、とくに大火の可能性が高い危険な市街地は全国35都道府県に４００地区、８、０００ｈａあります（国土交通省２００８年）。

このような地域の特徴として、①入居者、建物所有者、土地所有者ともに高齢化し建物の更新意欲が低下し、さらに②土地、建物の権利関係が複雑化、③相続の進行などで不在地主の増加など更新を困難にしていることなどが挙げられています。また④高齢化、借家やアパート入居者、単身者や共働き家庭の増加など、地域社会への参加意識が希薄となり、地域社会が形成されにくくなっています。

5-2 災害発生時と地域社会

●地域社会でどのような被害が予想されるか

一軒の建物や塀が倒壊し、道を塞ぐことで、避難をはじめ消火や救護、救援活動に大きな支障をきたします。個々の住宅や塀等の耐震性能や防火性能を向上させることは、個人の生命や財産を守るだけでなく、地域社会にとってもきわめて重要です（**表５・１**参照）。

①自力脱出困難者

東京湾北部を震源としたM７・３の地震が発生した場合、高齢者や病人、身体に障害のある人など自力脱出困難者は２万３、０００人にのぼると考えられています。また災害時要援護者の死者数は１、７００人を超えると考えられています（東京都防災会議）。

②落下物、塀の倒壊、急斜面や擁壁の崩壊

建物の外装材の剥離、剥脱などによる落下物、ブロック塀などの転倒物による負傷に注意が必要です。

阪神・淡路大震災では路上における人的被害は少なかったものの、そのほとんどが即死であったことから、発災時刻によっては路上での家屋等の転倒や落下による被害の可能性があったと指摘さ

表5.1　東京湾北部地震M7.3の被害総括表

			東京都防災会議		中央防災会議
条件	規　模		東京湾北部地震M7.3		
条件	時期および時刻		冬の夕方18時		
人的被害	風　速		6 m/ 秒	15 m/ 秒	15 m/ 秒
人的被害	死　者		5,638人	6,413人	7,800人
人的被害	原因別	ゆれ液状化による建物倒壊	1,737人	同左	2,200人
人的被害	原因別	地震火災	2,742人	3,517人	4,700人
人的被害	原因別	急傾斜・落下物・ブロック塀	769人	同左	900人
人的被害	原因別	交通被害	390人	同左	-
人的被害	負傷者（うち重傷者）		159,157人 （24,129人）	160,860人 （24,501人）	-
人的被害	原因別	ゆれ液状化による建物倒壊	73,472人	同左	-
人的被害	原因別	屋内収容物の移動・転倒	54,501人	同左	-
人的被害	原因別	地震火災	15,336人	17,039人	-
人的被害	原因別	急傾斜・落下物・ブロック塀	9,027人	同左	-
人的被害	原因別	交通被害	6,821人	同左	-
物的被害	建物被害		436,539棟	471,586棟	約530,000棟
物的被害	原因別	ゆれ液状化による建物倒壊	126,523棟	同左	約120,000棟
物的被害	原因別	地震火災	310,016棟	345,063棟	約410,000棟
物的被害	交　通	道　路	607箇所	同左	約720箇所
物的被害	交　通	鉄　道	663箇所	同左	約620箇所
物的被害	ライフライン	電力施設	停電率16.9%	-	停電件数 約110万軒
物的被害	ライフライン	通信施設	不通率10.1%	-	不通回線数 約74万回線
物的被害	ライフライン	ガス施設	供給停止率 17.9%	-	供給停止件数 約110万軒
物的被害	ライフライン	上水道施設	断水率34.8%	-	断水人口 約390万人
物的被害	ライフライン	下水道施設	下水道管きょ 被害率22.3%	-	機能停止人口 約13万人
その他	帰宅困難者の発生		4,476,259人	同左	約390万人
その他	避難者の発生（ピーク：1日後）		3,854,893人	3,990,231人	約310万人
その他	エレベーター閉じ込め台数		最大9,161台	同左	-
その他	災害時要援護者死者数		1,732人	2,009人	約2,900人
その他	自力脱出困難者		22,713人	同左	約32,000人
その他	震災廃棄物		4,065万トン	4,183万トン	約6,700万トン

※小数点以下の四捨五入により合計は合わないことがあります。

れています。

東京都の想定では、東京湾北部を震源としたＭ７・３の地震が18時に発生した場合、ブロック塀や落下物による死者は７６９人、負傷者９、０００人以上とされています。

③地震による火災と延焼拡大

古い木造家屋の密集、家屋の倒壊・損壊が延焼拡大を助長すると考えられます。道路を塞いだ倒壊家屋や瓦礫が延焼拡大を助長し、道路幅員の狭さも延焼拡大要因となります。また町工場などの混在する地域では、可燃物などの存在も延焼の拡大要因として指摘されています。

東京都の想定では、冬の18時、風速15ｍ／秒の場合、地震に起因する火災は34万5、０００棟以上、死者3、５００人を超え、負傷者は16万人以上とされています。

④ライフラインの被害

東京湾北部を震源としたＭ７・３の地震が発生した場合、ライフラインの被害は、停電件数１１０万軒、通信施設不通回線数74万回線、ガス供給停止軒数１１０万軒、断水人口３９０万人、下水道機能停止人口13万人と推計されています（中央防災会議）。また、それぞれの復旧日数は電力６日、通信14日、ガス22日、上水道21日、下水道21日と想定されています（東京都防災会議）。

5-3 災害時に果たす地域社会の役割

近年、プライバシーへの干渉、借家やアパート入居者の増加、単身者や共働き家庭の増加などにより、住民の地域社会への参加意識が希薄になり、地域社会が形成されにくくなっています。しかしながら、防犯や災害時の相互扶助の視点から地域社会の復活が重要視されています。木造住宅密集地域は、防災の面からは危険度が高い反面、古くからの住民が多く住み、良好な地域社会が形成されている可能性があります。

●地域の人達が頼り

大地震が起きた時に、速やかな消火や救急活動を公設消防組織だけに期待することはできません。地震発生直後に発生が予想される火災の初期消火や倒壊した家屋の下敷きになった人の救出・救護活動は、地域の人達が協力しあって自ら行うことが必要になります。阪神・淡路大震災でも、救出された人の７割余りが地域の人達に救出されたといわれています。

高齢者や障害者などの災害時要援護者の支援も、普段から隣近所の交流のある地域の人達の存在が大きな力になり、被災後の避難生活や、その後の再建・復興を進めるうえでも地域との連携が不可欠になります。

●救助は直ぐには期待できない

広範な地域で被災が想定される大規模災害発生時には、消防署員や警察官による救助はなかなか期待できません。電話などの通信手段の途絶や倒壊物などによる道路の遮蔽などを考えれば、速やかな救助は困難といってよいでしょう。

阪神・淡路大震災においても、被災の激しかった地域では電話も利用できず、消防署や警察署への「駆け込み」による救助の要請が殺到しました。救助に向かった消防署員や警察官も、救出現場に赴く途中で助けを求められ、断りきれず目的地に到着できなかったことや、あるいは作業中にも次々と住民から救助の要請を受け、被災者・住民に取り合うように現場に引っ張られて別々の場所で住民とともに救出救助活動を実施したことなどが指摘されています。

阪神・淡路大震災では、神戸市での要救助者のうち、約5％を消防団、約85％を一般住民が救出したと推計されています。消防団の救出した人々のうち、生存された人は88％にものぼっているのに、消防隊の救助した人達の生存率は73％でした。

この理由は、それほど簡単に説明できるものではありませんが、消防団員は被災地に居住している人々からなり、救助活動がそれだけ早く行われたことも一因であると考えることができるでしょう[1]。

余震や地震による火災などの二次災害が懸念される中での救出現場では、周囲の人の証言や一人暮らし世帯や高齢者世帯などを把握している地域住民の情報が、救助活動に重要な役割を果たしました。

震災直後の負傷者搬送は、救援、搬送の要請が集中したり、倒壊建物による道路閉塞などにより、非常な困難が予想されます。ある報告書[2]によれば、全体の65％の患者が自家用車などの私的搬送手段によって搬送されたとあります。

5-4　災害に強い地域社会をつくる

●「自助」「共助」「公助」

大規模災害時において被害を最小限に留めるためには、普段から、防災という視点から地域の特性と現状認識を持つことが、防災活動の出発点です。

災害対応や復興を、消防機関などの公共機関による活動のみに頼るわけにはいきません。公的機関による援助・支援などの「公助」、地域住民相互による援助である「共助」、自らが自らを守るという意味での「自助」、それぞれが機能することが求められます。

被災時には救出・救護、初期消火など地域住民自身による「自助」が重要な役割を果たしますが、個々で行うには自ずと限界があります。地域住民が組織的に行動し、自分達の地域は自分達で守るという「共助」の姿勢が、被害を少しでも軽減させるうえで重要になってきます。

地域住民による「共助」活動の中核を担うことが期待されるのが、地域住民が自主的に組織し防災活動を行う「自主防災組織」です。

自主防災組織には、既存の町内会、自治会のもとに組織化されたもの、あるいは既存の組織を利用せずに新しく組織されたものなど、地域の実情に合わせて組織化されています。

また防災の専門家、行政、防災関係機関との連携・協力が不可欠であり、自主防災組織の育成強化を図るために、相互間の交流・情報交換を図ることも重要になります。

●地域の防災力を知る：被害要因と防災資源

地域の防災力を知るには、まず、大規模地震発生時に

①被害拡大や避難の妨げとなる被害要因、

②災害時に役立つ人的、物的、社会的資源などの防災資源、

を把握することが大切です。

■被害発生の要因や避難の妨げになるものの把握

・老朽化家屋など倒壊の危険のある建築物
・石積み擁壁、ブロック塀、石垣など
・屋外広告、自動販売機
・危険物や大量の可燃物の貯蔵所
・消防車両が入れない狭あい道路、行き止り道路など
・急傾斜地、急坂道、階段
・河川、水路
・高架道路、鉄道
・液状化危険地域

■防災資源の把握

・防災関連設備（消火器、防火用水槽）
・防災倉庫、備蓄倉庫（備蓄されているもの、量、鍵の所在など）
・一時集合場所、広域避難場所、避難所
・役所、消防署、警察署
・学校、体育館など
・公民館、自治会館、社会福祉施設などの公共施設
・病院、介護施設

●防火用水および街路に設置された消火器

・公園、緑地など
・災害時に役立つ知識や技術を保有している人

■災害時要援護者の把握
・寝たきりの人、障害のある人
・高齢者、独り暮らしの高齢者
・乳幼児、妊産婦
・透析等定期的治療必要患者
・病院、介護施設
・地域との係わりが希薄なアパート住民や外国人

●まず自分・家族・家が被災しないことが大事（自助）

普段から手立てを行っておけば、いざという時に、身の回りの安全が確保されるだけではなく、近隣や地域で支援者に廻ることができます。

既存の住宅の耐震化・不燃化は、身を守るためにも第一に考えるべきことです。中立な立場の建築専門家にみてもらい、修理・改善をします。経済的な負担はありますが、資産の保全のためのコストと割り切ることも必要で、公的な助成や融資制度も利用できます。

身の回りの防災用品については**第4章**で触れたので割愛しますが、震災経験者の「普段使い慣れていないことやり慣れていないことは、いざという時にもできない」という言葉にもある通り、「非常時」の「日常化」は重要なポイントになります。

次に他人に迷惑や危害を及ぼすおそれがないかを考えます。外壁に取り付けたクーラーの室外機、看板や屋根瓦の落下、崩れやすい物品や可燃物の放置、石塀やブロック塀の改修・撤去等は、自身の避難路の確保のためにも早急に改善しておきたいものです。

地震や災害についての知識や情報を、自分の側に引き寄せて日常を点検することが重要です。被害想定をみても、自分自身が被災するという「実感」は誰しも持ちにくいのですが、日頃から心がけて、非常時のことを日常生活の一部に組み入れておく工夫が大切です。

●助け合う（共助）

都会の生活はお互いに干渉しあわない自由さが魅力ですが、震災など大災害時には被害が同時に多発するため、そばに居合わせた人同士が互いに助け合わざるをえない状況が生まれます。また、災害弱者といわれる子供や高齢者や病人の被害を少なくするため

には、被災直後の迅速な対応が求められます。行政よりもまず近隣の人々の力で初期対応することが必要です。

そのためには、いざという時に救助が必要になると思われる人達についての情報も必要になります。平時における個人情報の取扱に十分留意しながらも、やはり緊急時のための準備をしておくべきです。

発災直後は、男性は瓦礫を取り除くといった力仕事、女性は避難所での炊き出し等、過去の震災の例でも緊急時には人々の助け合いは大きな力を発揮しています。

不幸にして自宅が被災して戻れない場合には、避難所から仮設住宅へと様々に生活環境が変わります。元通りの生活に戻るまでには、行政の力だけではなく多くの人々の助力が必要になります。

●行政との連携（公助）

市区町村などの行政には平時、災害時にかかわらず、多方面から多くの情報が集まります。どこからどういう情報を収集するか、また集められた情報をどのように活用するかが、行政の大きな役割の一つです。

防災情報の住民への周知、要援護者や、空室情報などの把握、避難場所の想定、復興模擬訓練などを行い、発災時には速やかな対応ができるようにします。とくに災害弱者に対する公的援助や要援護者の名簿作成とプライバシーの保護、応急時の瓦礫や地震ゴミの除去、仮設住宅の設営、避難所の確保などは行政にしかできないものです。

こうした施策を円滑に進めるために、木造密集地を抱える自治体では災害の予防や復興のために、住民組織や専門家による支援組織と連携し、情報交換しながら施策を進めています。地域に住む各分野の専門家の名簿作りなどを進めている自治体もあります。

【第5章　引用・参考文献】

[1] 新野幸次郎：震災復興の教訓（その2）、『都市政策』、No.86、p.85、１９９７年1月

[2] 『阪神・淡路大震災に係る初期救急医療実態調査班研究報告書』、pp.79～80、１９９６年10月

第6章

防災活動と耐震対策

6-1 自分の住んでいる地域を知る

●住んでいる地域の防災安全度を知る

災害に強い地域社会をつくる具体的な内容については、既に**第５章**で詳しく述べています。地震は広域に同時に起こることから、発災直後は公的支援に頼ることはできません。自助の精神と行動が、自らをそして地域の人々の安全を守るのだということを、普段から地域全体で理解しておく必要があります。

防災活動を進めるうえでの出発点は、防災からの視点で居住地域の特性と現状認識を持つことです。大地震が起きたらどうなるかを明確にイメージし、地域の抱える問題点をあらかじめ把握しておくことが大切です。その情報を地域住民・行政・専門家の三者が共有して、いざという時の協力体制を事前に構築しておくことが必要です。

各行政、都道府県および政令指定都市による様々な震災対策が打ち出されています。日頃から、これらの資料に目を通し、その内容を理解しておくことが大切です。

東京都を例にとると、５年おきに地域危険度測定調査を行い、各地域における地震に対する危険性を建物、火災、避難の面から１～５までのランクで相対的に評価し、地域の地震に対する危険度

表 6.1　地域危険度測定調査結果の例（東京都千代田区の一部）

町名	町丁目	建物倒壊危険度		火災危険度		総合危険度	
		ランク	順位	ランク	順位	ランク	順位
飯田橋	1丁目	2	1219	1	2805	2	2049
飯田橋	2丁目	2	1942	2	2788	2	2464
飯田橋	3丁目	1	3014	1	3975	1	3605
飯田橋	4丁目	2	1176	2	1771	2	1374
一番町		1	4397	1	3853	1	4193
岩本町	1丁目	3	986	2	1277	3	947
岩本町	2丁目	3	1044	2	2074	2	1478
岩本町	3丁目	2	2195	2	2426	2	2395
内神田	1丁目	2	1774	1	3002	2	2489
内神田	2丁目	2	1289	2	2692	2	2028
内神田	3丁目	3	1067	2	2450	2	1721
内幸町	1丁目	1	4311	1	5059	1	4715
内幸町	2丁目	1	4848	1	5059	1	4978
大手町	1丁目	1	4734	1	4970	1	4890
大手町	2丁目	1	4534	1	4978	1	4786
鍛冶町	1丁目	2	1429	2	2273	2	1844
鍛冶町	2丁目	2	1647	2	2511	2	2124
霞が関	1丁目	1	4852	1	5011	1	4962
霞が関	2丁目	1	4698	1	5029	1	4894
霞が関	3丁目	1	4798	1	4832	1	4850
神田相生町		1	5019	1	4760	1	4915
神田淡路町	1丁目	2	1719	2	2796	2	2348
神田淡路町	2丁目	2	1389	2	2639	2	2055
神田和泉町		2	1345	2	1500	2	1302
神田岩本町		1	3302	1	3348	1	3444
神田小川町	1丁目	2	2653	2	2578	2	2740
神田小川町	2丁目	2	2072	2	2466	2	2358
神田小川町	3丁目	2	2659	2	1535	2	2145
神田鍛冶町	3丁目	2	1329	2	2493	2	1930
神田北乗物町		4	365	2	2149	3	1107
神田紺屋町		3	535	2	1428	3	792
神田佐久間河岸		2	2595	1	3128	1	2991
神田佐久間町	1丁目	1	3182	1	4126	1	3761
：	：	：	：	：	：	：	：

出典　東京都都市整備局：地震に関する地域危険度測定調査（第6回）

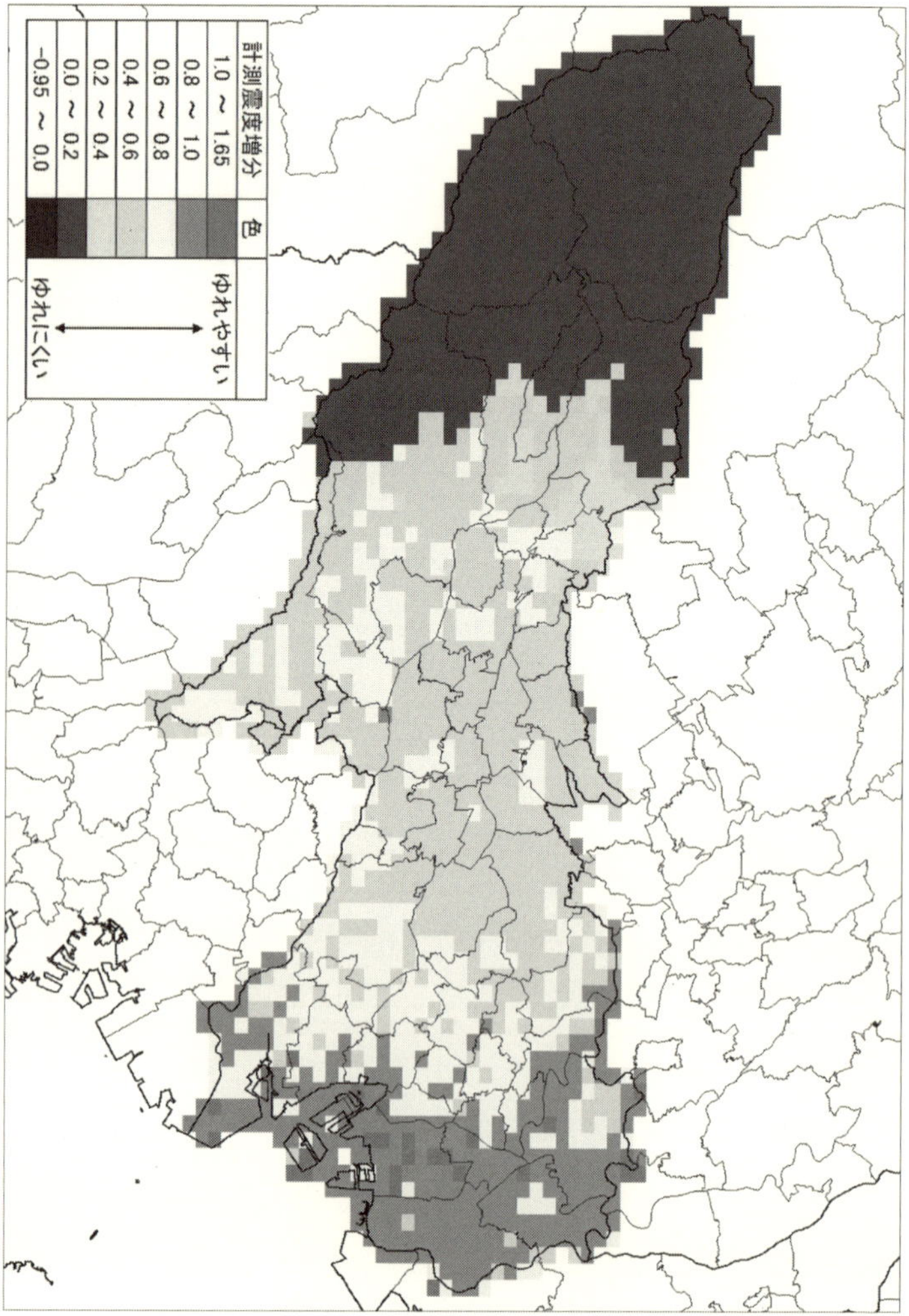

図6.1　防災マップの例（東京都の揺れやすさ）（内閣府防災情報のページより）

を町・丁目単位で公表しています（表６・１）。

また、地域の危険度や揺れやすさを「地震防災マップ」として公表している行政もあります（図６・１）。

●危険な市街地の優先的な整備……整備地域と重点整備地域

東京都の「防災都市づくり推進計画」では上記地域危険度を基に、とくに老朽化した木造建築物が集積するなど、災害時の甚大な被害が想定される地域を防災生活圏を単位として「整備地域」と指定し、
①老朽木造建築物の個別建て替え、共同化の促進、
②耐火、準耐火建築物への建て替えを誘導、建築物の耐震診断・耐震改修を促進、
③震災時の避難、救援、消火活動を円滑化するため、道路や防災拠点、ポケットパークの整備、
④沿道の建築物の不燃化により、延焼遮断帯および避難路の整備、
⑤避難場所等の周辺の建築物の不燃化により、避難空間の拡充、
を図っています。

この「整備地域」は27地域・6、500ｈａにのぼっています（図６・２）。

また、上記の整備地域の中から、基盤整備事業などを重点化して展開し早期に防災性の向上を図ることにより、波及効果が期待できる地域として「重点整備地域」（11地域・2、400ｈａ）を選

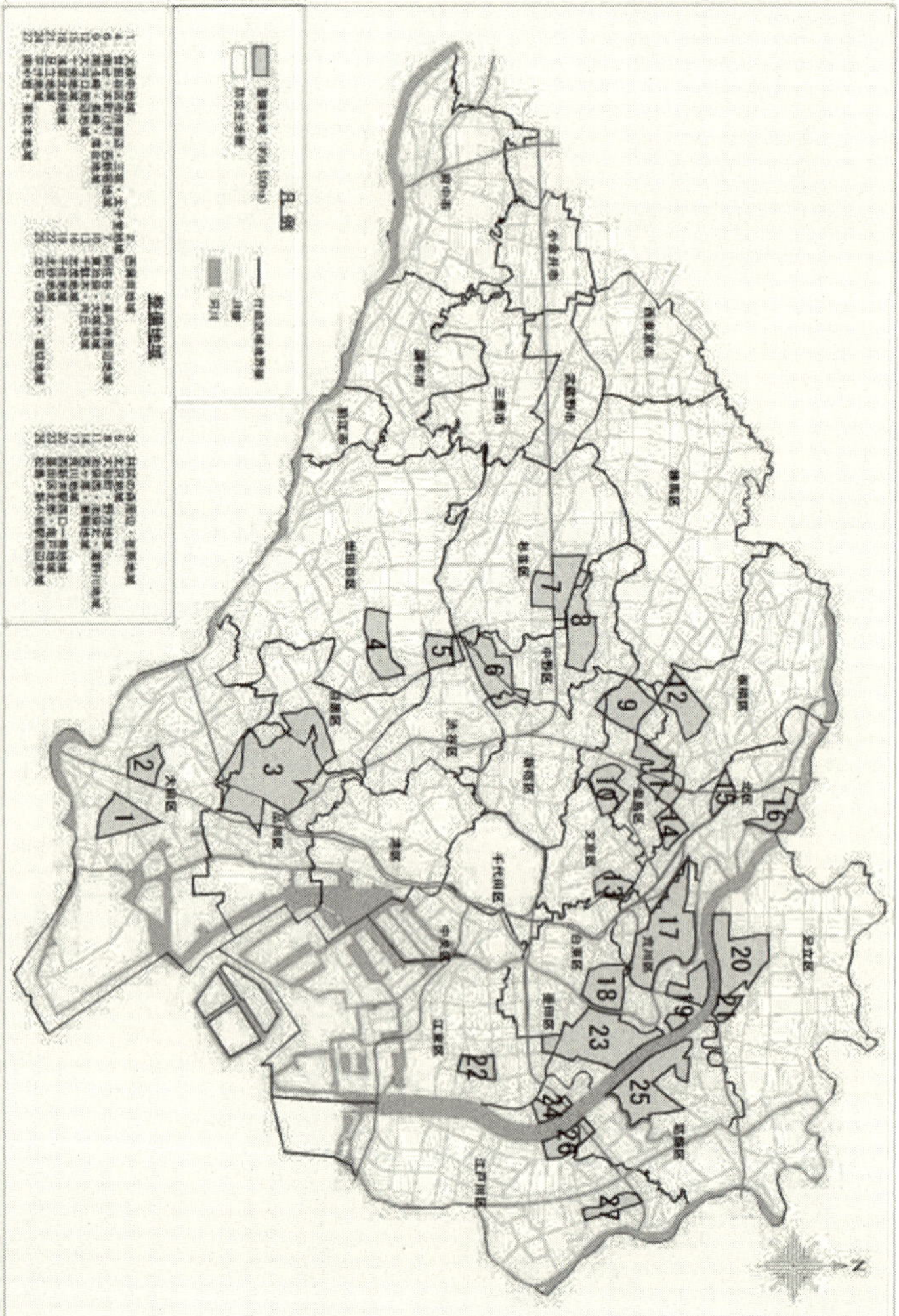

図6.2　東京都の整備地域（東京都：防災都市づくり推進計画より）

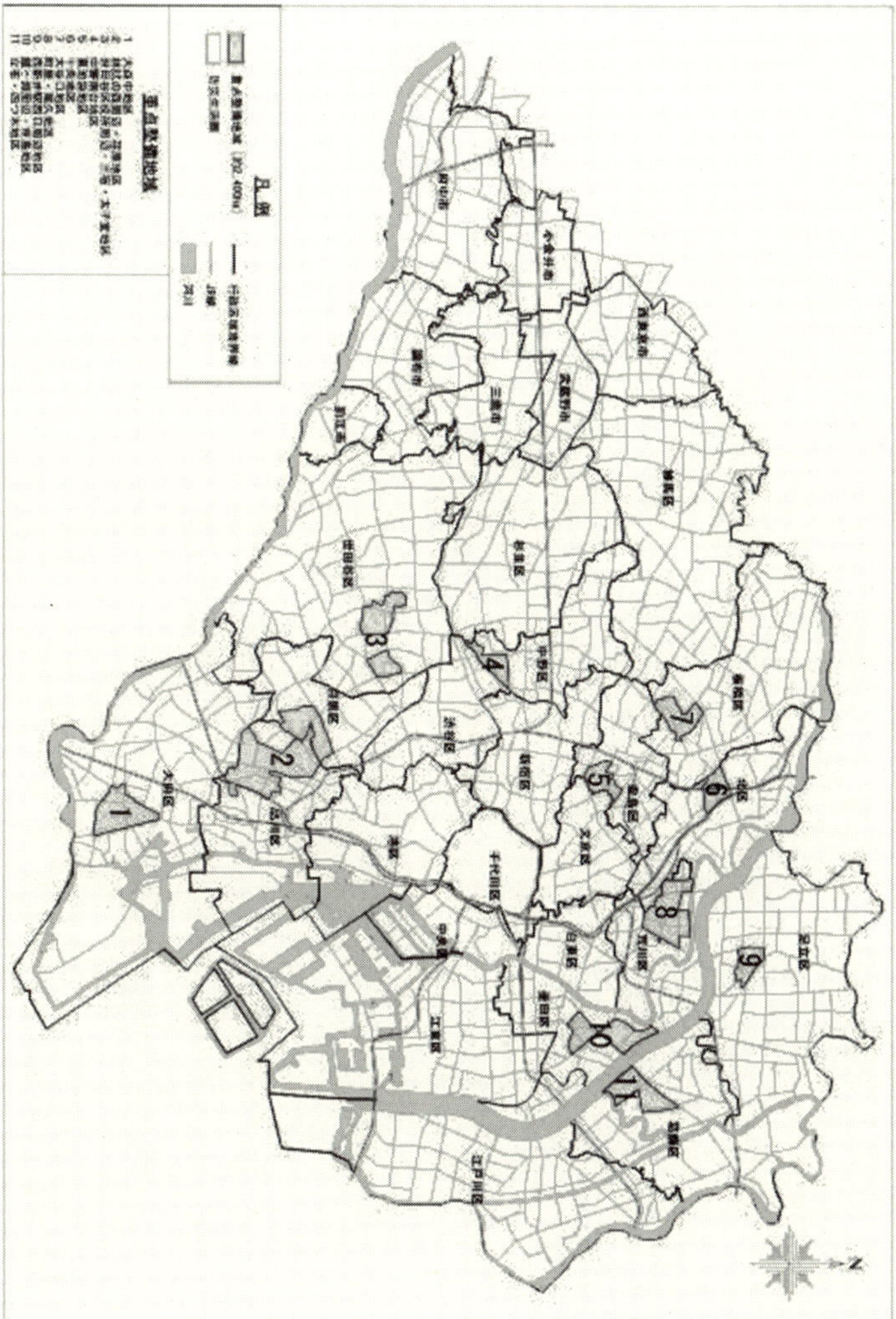

図6.3　東京都の重点整備地域（東京都：防災都市づくり推進計画より）

定しています（図６・３）。

これらの資料は、自分たちの住む地域の危険度を知るうえでの、基本的な情報として有効な活用が期待できます。

また首都圏直下に関しては、東京都による「首都圏直下地震による東京の被害想定」（平成18年5月）が発表されています。**第1章**、**第5章**で紹介したように、被害想定は地震の発生する場所、時刻、気象条件等の前提条件により大きく変わりますが、いずれにしろ木造住宅密集地の被害は甚大です。

●平時における改善策を知る

過去の大規模災害の苦い経験を基に建築基準法・同施行令、条例が幾度も見直され改正されてきました。それらは主に耐震性能と防火性能の向上をもたらしています。

阪神・淡路大震災、新潟県中越地震の建物の被害は主として現行の建築基準法・同施行令の基準を満たしていない建物（既存不適格建物）に起こりました。被害は１９８１年以前の建物に大きく、現行の建築基準法・同施行令が改正された１９８１年を境として、建物の耐震性に大きな差のあることが確認されています。またブロック塀などの倒壊も、法令や学会の基準に適合していないものに集中していました。

第４章に述べたように、延焼防止、焼け止まり要因として耐火・防火構造の建物の存在、道路や線路、空地の存在、公園と緑の存在、開口部対策がとられていたことなどが挙げられており、防火シャッターや金属製雨戸、網入りガラスなど、適切な開口部対策が延焼を防止した事例も報告されています。また、耐火・防火構造の存在と小規模空地の組み合わせ、幅員のそれほど大きくない道路が沿道の耐火・防火構造や消火活動との組み合わせによって、延焼を阻止した例も報告されています。

このように、現行の法規や基準に適合させ、耐震補強や防火性能を向上させることで自らの生命、財産を守るのみならず、地域の安全性向上にも大きく寄与することが期待できます。

6-2　安全性を考える

●耐震性と耐火性の向上

阪神・淡路大震災では死者の9割近くが建物の倒壊や家具の転倒による圧迫死、窒息死でした。また、火災による死者の多くも被災した建物に閉じ込められて焼死した方が大多数で、これらを合わせると9割以上の犠牲者は建物に起因しているといえます。地震災害を少なくするために、まず求められることは建物の耐震性と耐火性の向上です。

建物の倒壊は生命、財産を脅かすだけでなく、道路閉塞による延焼拡大や避難、救護活動に支障にきたすことにもなります。とくに１９８１年５月以前に着工した建物については、耐震診断を行い安全性を確認してください。

●室内、家の周辺の安全性

家具の移動・転倒、重量物の落下等が、負傷原因の多くを占めています。これらについては**第３章**、**第４章**で詳しく述べました。

さらに、住民相互による地域社会全体の安全性の向上が重要性を増しています。社会生活の変化により、密集市街地での外部との関係が希薄な内向きの住まいの増加が、近隣関係をも希薄なものにしています。良好な近隣関係やコミュニティーは、災害時の「共助」ためにだけあるのではなく、快適な日常生活を送るうえでも欠かせません。

防災公園

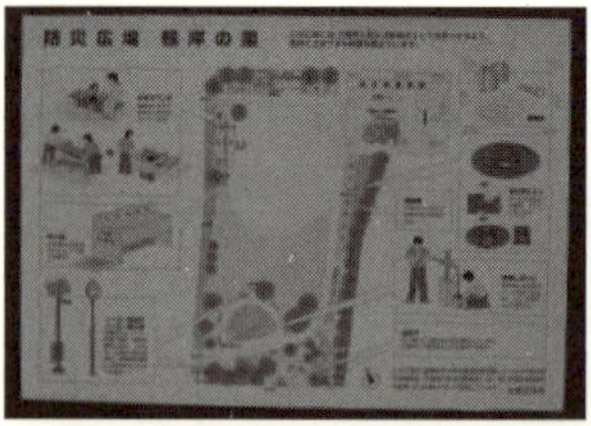

防災かまどと
防災井戸

災害時に避難した人々の生活用として使用します。

保存樹林：江戸時代には暴風、防水害の屋敷林として、昭和 20 年の空襲では猛火から避難した人をこの樹林が守ったといいます（足立区指定保存樹林）

防火植栽の助成（足立区）

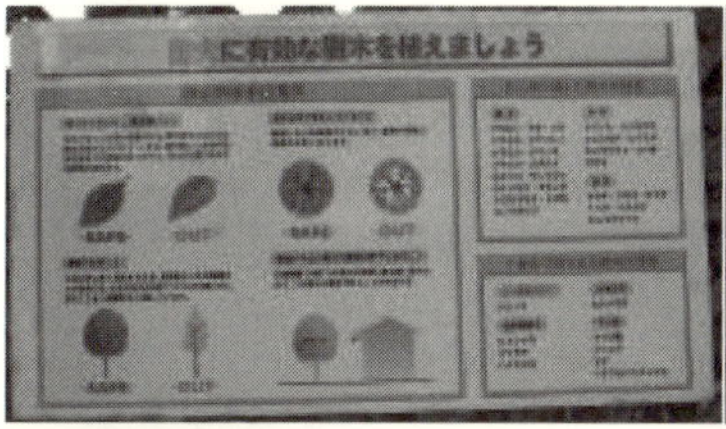

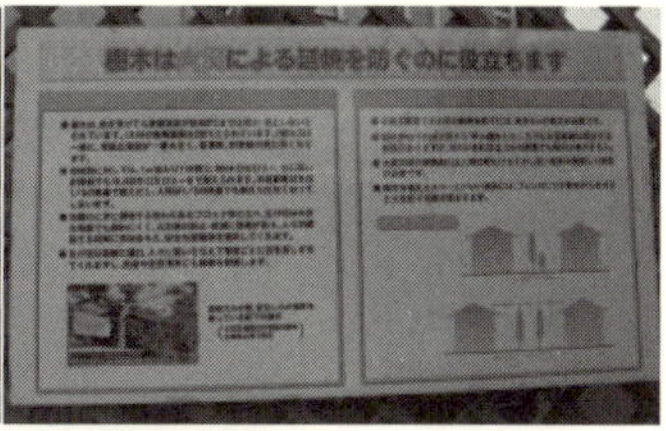

防犯上の問題は別に検討が必要ですが、閉鎖的なブロック塀などを常緑広葉樹の生垣などに替えることは、ポケットパークなどの空地との相乗効果で、火災の延焼防止効果が期待できます。大規模な市街地火災の多くは、樹木による緑被率がきわめて低い地域で発生しているとも指摘されています。緑豊かで小規模の公園などが点在する居住環境としても優れた地域は、防災という視点でみても優れています。

①良好なコミュニティー、
②自主防災組織の組織化や積極的な参加、
③まちづくり等への積極的な参加、
④道路や沿道整備、ポケットパークの整備、
⑤共同建て替え、
等、安全な地域社会を自らがつくるという意識が大切です。

6-3　建物とその周辺でできること

●住宅の耐震化を促進するために何ができるか？

①住民はまず耐震診断を受けることから

建物の耐震化の促進には、何よりも人々の防災意識の向上が最も重要です。一戸の住宅が倒壊すれば被害は自分だけに留まらず、隣地や道路にも及びます。一戸一戸の安全が地域全体の安全につながっていますので、まず耐震診断を受けるなどして、自分の家が安全かどうかを確かめる必要があります。

耐震化や地域の防災は「皆でやる」ということが大切です。そのためには、安全な住宅、安全な町は自らの手で造るという意識を、地域のなるべく多くの人々が共有するようにしましょう。

②建築家は住宅の耐震化を目指せ

建築家は、耐震診断や補強設計についての技術や評価方法の改善・向上につとめるだけではなく、自ら耐震診断や補強設計を奨めることは、たいへん重要なことです。

専門知識のない消費者に不必要な工事を勧めたり、部品を売りつけるなど、悪質業者による被害があとをたちません。施工業者やメーカーなどから独立した立場である建築家は、中立の立場で偏りのない情報を示すことができます。

建築家は耐震診断や補強工事の重要性を、より多くの消費者に知ってもらい、安心して耐震診断が受けられるような環境づくりに努めなければなりません。

③行政は助成・法律や制度の柔軟な運用、震災復興模擬訓練を

耐震診断や補強工事のための融資や助成制度は多くの自治体にありますが、さらに利用しやすくすることが必要です。東京都墨田区が２００６年から行っている、寝室だけなど部分的な補強工事に対する公的助成のような柔軟な制度は、高く評価されています。

現行の建築基準に適合させるという要件が、耐震診断・補強が進まない理由の一つにもなっているので、こうした自治体の取り組みは注目すべきではないでしょうか。耐震改修促進のためには、法律や制度などを柔軟に運用して実効性あるものにしていく必要があります。

また震災復興模擬訓練のように、地域住民や専門家とともに、平時における訓練を継続的に行うことはたいへん有効です。行政が中心となって、今後とも地域の安全性確保のための仕組みづくりを、専門家を活用しながら積極的に推進して欲しいものです。

6-4 震災復興による地域の再生

●不燃化と建て替え

木造住宅密集地域の不燃領域率を高めるためには、個々の建物を不燃化することが必要です。しかし通常は、不燃化工事のみを行うことは少なく、現実には、やはり新築や増改築などの建物の更新時に準耐火や耐火建築物に建て替わることになります。平時に建て替える場合と震災復興の中で建て替える場合とがありますが、ここでは後者についていくつかの問題となる点を挙げてみます。

①従前の通りに再建できるか？

既存不適格建物は、元通りの規模で建て替えることはほとんどできません。新たに建て替える時には、建築基準法など現行の法規定に合致させることになりますので、よく問題になるのが接道条件や容積率、建ぺい率、高さ制限など建物の面積や高さなどにかかわる項目です。

木造老朽家屋では、とくに建ぺい率、接道条件が問題になるケースが目につきます。具体的には、建ぺい率60％以下の地域で、50～60㎡程度の狭小敷地に目一杯建てられている場合や、幅員が4m未満の細街路に面している場合などでは建築面積、延床面積が従前に比べて相当減ることが考えられます。法規上再建築が不可となっている敷地では、再建築そのものができません。

②権利関係の調整は？

土地の所有者と建物の所有者、そして居住者が同一人ではないというケースも多くあります。また所有者が複数であったり、遠隔地に住んでいたりすることもあり、建物が滅失することによって様々な権利関係の問題が浮上してきます。再建築に際しては、これらの権利関係を調整しなければなりません。この調整に数年かかることも珍しくなく、場合によっては係争になることもあります。

③再建の方法について

元の土地に個別に建て替える場合と土地を合わせて共同で建て替える場合とがあります。前者は通常の新築にならいます。狭小敷地などで、元の敷地に個別に建て替えることが事実上困難な場合などには、共同建て替えの可能性を検討します。この場合は関係者間

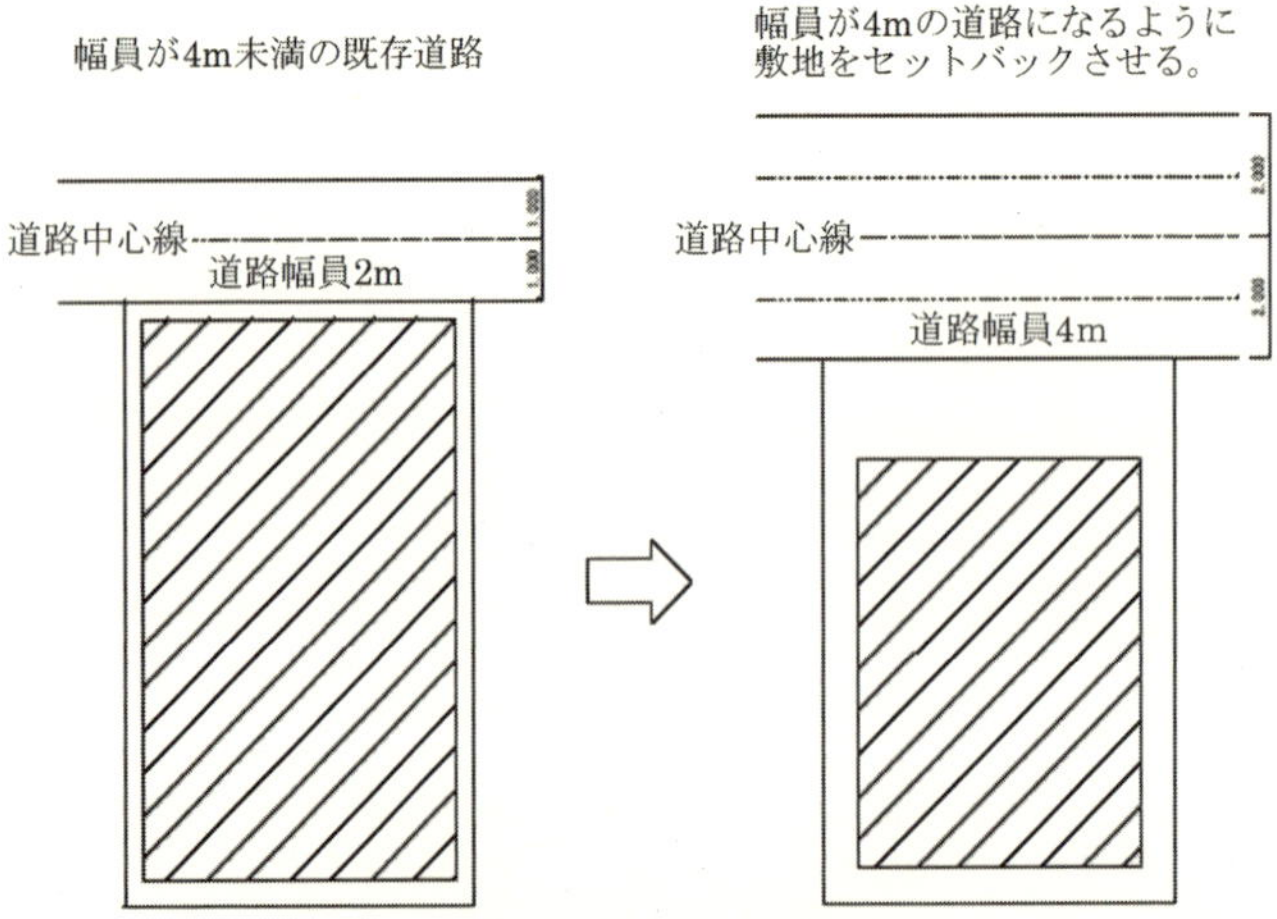

建ぺい率が60％の例
敷地面積60m^2→54m^2
建築面積50m^2→32.4m^2

での権利関係の調整が必要です。

被害を被った地域が広範にわたる場合には、土地区画整理や組合再開発などの事業手法が考えられます。

④再建資金について

地震など自然災害の被災者に対しては、被災者生活再建支援法による支給があるだけで（第7章参照）、現在のところ住宅再建は自助努力が原則です。共済制度や地震保険でカバーできない分は、一般融資で資金を調達することになります。融資は土地を担保にするケースが多いので、抵当権が設定されていたり、借地の場合などには注意が必要です。

建物を高層化するなどして、従前の建物規模よりも大きく建てられる場合には、余剰床を売却または賃貸することで、建築費の圧縮につながる場合もあります。

●道路整備と沿道の不燃化

道路は、沿道の建物の不燃化と一緒になって延焼遮断帯として機能します。法律や条令によって、沿道を不燃化促進区域に指定して建築費の公的助成を行うなどして、建築物の不燃化を誘導しています。

道路整備は、一定の面積の生活圏の周囲を延焼遮断帯で囲むように進められています。そこには、地域間の延焼防止と地域内における延焼防止という2つの観点があります。

木造住宅密集地の中を、細街路が網の目のように縦横に通っている地域などは、延焼や避難に支障がでます。新築更新時には、敷地に面する道路境界線は道路の中心線から２ｍに後退させるのですが、その他の部分が狭い道路のまま残っているなど、とくに私道では改善が遅れています。

現状が細街路であったら余計に、道路際の敷地部分には可燃物や落下物などがないように、生活上の注意が必要になります。

●42条２項道路

建築基準法では幅員４ｍ以上のものを「道路」と定義していますが、建築基準法制定当時にすでにあった道については、幅員が４ｍ未満であっても「道路」と認めています。こうした道路を「２項道路」と呼んでいますが、それに面する敷地に建物を新築または増改築する時には、道路幅員を４ｍに拡幅すれば良いことになっています。

１９５０年の基準法制定から60年近く経ているにも関わらず、未だに多くの「２項道路」が残存しています。何らかの方法で建物が更新されていても、

図 6.4　拡幅が進まない２項道路

道路がそのままというケースが多々みられ４ｍ道路への拡幅が思うようにいっていません。より実効性のある施策を考えるか、「２項道路」の規定そのものを見直すなどの対策が必要です。

●ミニ開発

木造密集地の工場跡地などに４～６棟程度の建て売り住宅を分譲するミニ開発がよくみられます。

敷地中央の幅員４ｍの道路を木造３階建て住宅が囲んでいて、道路が袋小路状になっているものを多く見かけます。２方向避難や敷地の細分化、住戸の高密化など問題も多く、将来建物が老朽化した場合には、新たな木造住宅密集地域になる危険性が指摘されています。

最近はとくに開発地域内に道路をつくらずに、敷地の延長部分を道路代わりとする（旗竿敷地ともいう）ケースもでてきていることもあって、あらためて敷地と道路との関係を見直す時期にきて

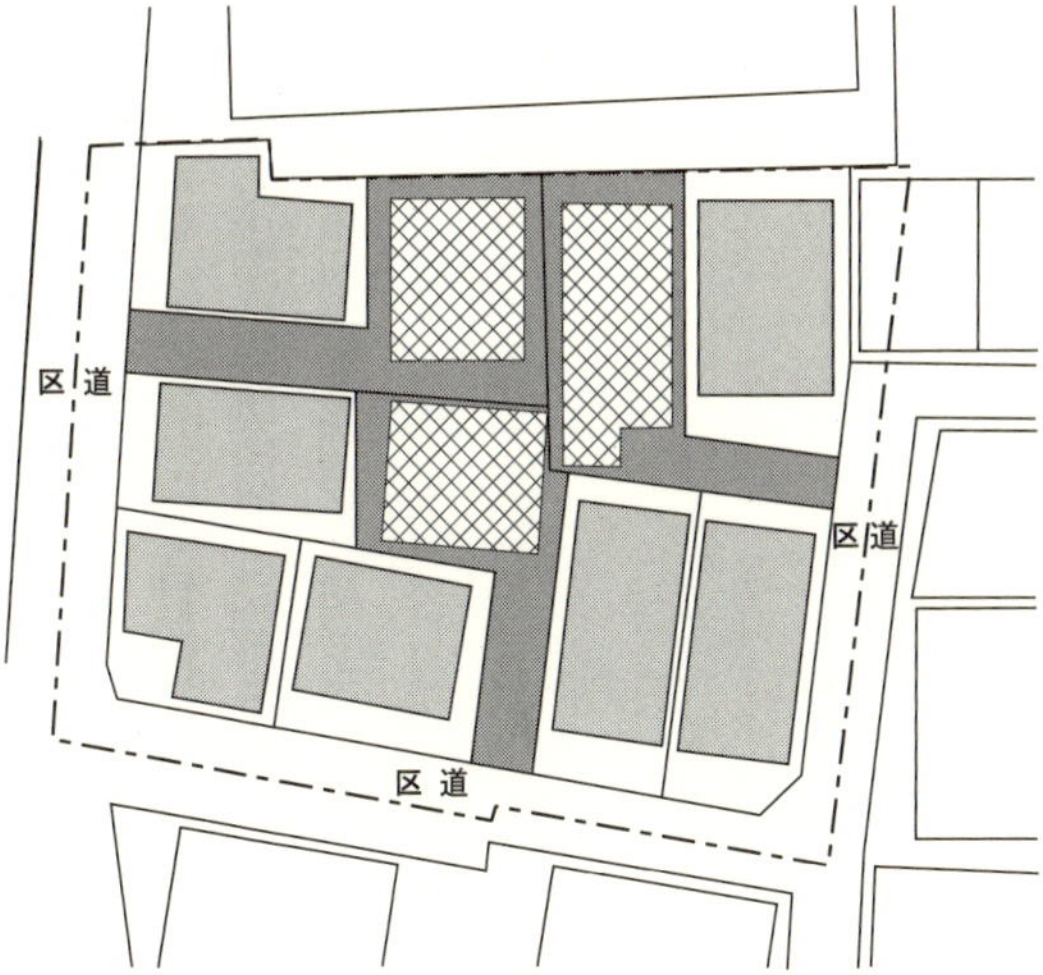

図6.5　敷地延長を利用したミニ開発例

いるのではないかと思われます。

●空地・緑地

木造住宅密集地域には空地や緑地が少ないので、防災上だけでなく居住環境も良くないことが多いといえます。周囲を耐火建築物や防火樹などで囲まれた空地や公園は、延焼防止や避難上有効です。地域内の小さなパーキングを借り（買い）上げてポケットパークにしたり、老朽空家は防火・防犯上危険なので、これを放置せずに空地化しておくなど、地域の事情に即したきめ細かい対策が必要です。

●その他

①塀……自治体の多くは、ブロック塀などを生垣にするための費用の一部を助成しています。地域にある危険なブロック塀などは、早めに生垣などに改修するようにしたいものです。防犯のうえでも、視界を遮るブロック塀よりも視線透過性のある生垣は有効であるといえます。

②ガラス……網の入ったガラスは延焼防止に役立ちます。古い建物でも窓を網入りガラス入りのアルミサッシュに入れ替えることで、延焼防止効果が得られます。ブロック塀同様の助成があっても良さそうです。

第7章

土地建物の権利と責任

7-1
土地と建物の権利を守る

●土地と建物の権利と保全

２００４年10月23日に発生した新潟中越地震では、家屋だけでなく土地が崩壊するという大惨事に見舞われました。人が保有していた権利が、家屋や土地の崩壊とともに一瞬にして失われてしまったのです。このような大規模な災害の前では、人は為す術がないのでしょうか。

地震大国と呼ばれる我が国では、大災害が起きるたびに様々な保証制度や法改正が行われてきましたが、まずは、自分が保有する権利をしっかり把握することが大切です。

人は様々な権利を保有していますが、はたして土地にはどのような権利があるのでしょうか？

（注については章末参照）

一般的に人が土地に対し保有する権利には、所有権〔注１（民法第２０６条）〕と借地権〔注２（借地借家法第１条、第２条１号）〕とがあります。

①所有権とは、個人または法人が土地を所有し、原則として自由に土地を利用したり譲渡することができる権利のことです。

②借地権とは、文字通り土地の所有者からその土地を借りることですが、１９９２年８月１日に

新借地借家法が施行され、大きく法律が変わりました。新借地借家法以前の借地法と借家法は一般的に旧借地借家法と呼ばれています。

所有権と借地権では保有する権利は大きく異なり、災害時における対処法も大きな違いがあります。

●所有権の保全

前述の通り、家屋や土地が消失した場合、保有している権利も失われます。しかし、土地の所有権は復元することができます。それでは、所有権を復元するにはどうすればいいのでしょうか？土地の権利保全には、①土地の境界を明確にする、②不動産登記を行う、③登記書類を保管する、の3点が重要になります。

①土地の境界を明確にする

土地の境界を明確にすることは、とても大切です。家を建て替えたり、塀や垣根をつくとうとする時はもちろんですが、大規模災害後にお互いの所有地を確認する時に無くてはならないものです。

しかし、塀や生け垣を境にしている場合は、災害時には役に立ちません。境界石やコンクリート標といった永続性のある境界標が必要になります。しかし、これまでに起きた大地震では土地が崩壊したり、失われるということが起きました。そのような場合、しっかりした境界標でも移動したり、失われることがあります。

②不動産登記を行う

土地の所有権を保全するためには、法務局に不動産登記を行う必要があります。登記を行えば、もし境界標が失われた場合でも安心です。登記された地積測量図を元に、境界の復元ができるからです。境界標の設置や登記は、土地の調査や測量・登記に関する専門家である土地家屋調査士が行います。

③登記書類を保管する

法務局に土地の登記手続きが完了すると土地登記済証が発行されます。土地登記済証は一般に権利書と呼ばれています。権利書と地積測量図が、土地の所有権を保全する大切な書類です。

権利書には土地の所有者や面積・所在地を、地積測量図には土地の形状が記載されています。権利書を紛失した場合〔注3〕、再発行されないので保管には十分な注意が必要です。いざという時のために、家族全員で保管場所を確認することが必要でしょう。土地が借地の場合は、上記の書類に加え借地契約書が権利を保全するための大切な書類になります。

●借地権と借家権の権利と保全

借地借家法第2条1号は、借地権は「建物の所有を目的とする」としています。したがって、大規模災害で家が全壊した時は借地権と借家権はともに効力を失い、借主が権利を主張できなくなってしまいます。そこで政府は、阪神大震災と新潟中越地震が起きた時に罹災都市借地借家臨時処理法を適用することにしました〔注4、注5〕。

その結果、借地人あるいは借家人に次のような権利が認められることになりました。

①建物が全壊しても借地権と借家権は残ります〔注6（罹災都市借地借家臨時処理法14条、2条、3条）〕。

②家主が建て替えをした場合、優先的に入居できます。建て替えない場合は、優先的に借地して建て替えを申し出ることができます〔注7（罹災都市借地借家臨時処理法14条）〕。

③土地を購入した第三者に借地権の存続を主張できます。ただし、借地人は5年以内に建物を建てて登記する必要があります〔注8（罹災都市借地借家臨時処理法10条）〕。

このように、かつてはひとたび大災害が起きればまったく無力であった借地人と借家人の権利が、罹災都市借地借家臨時処理法が適用されることで、その権利が守られることになりました。しかし、同法が災害の度に適用されるかはわかりません。少なくとも、しっかりした契約書を締結したうえで、しっかりと保管することが必要です。また土地を借りて家を建てる場合は、所有権と同じように土地の境界を明確にし、建物の不動産登記を行うことが大切です。

●災害と賠償責任

一般的に、戦争や天災によって被害を被った場合、被災者はどこにも責任を追及できないとされてきました。しかし、新築して間もない家屋が阪神・淡路大震災で半壊し、被災者が施工者を相手に訴えた裁判で、施工者に損害賠償を命じた判決が下されました〔注9〕。また、家屋やブロック塀が倒壊して、隣家に被害を及ぼしたり、また及ぼすおそれがある時に、損害賠償を求められることもあります〔注10〕。

このように、たとえ天災であっても、もし欠陥が原因で建物や工作物が損傷を負ったり、第三者に被害を与えた場合は、損害賠償責任が発生することがあります。そこで大切なのは、欠陥住宅を造らないことです。欠陥とは、建物や工作物が本来有すべき性質や性能を欠いていること（＝瑕疵）です。

欠陥住宅をつくらないようにするには、詳細な設計図書としっかりした工事監理のもとで、工事が行われなければいけません。建築士法〔注11〕では、一定規模以上の家を建てる時は、建築士に設計と工事監理を依頼することを建築主に義務付けています。もしそれを怠れば、被害者にも加害者にもなりうることをよく知っておく必要があります。

●「住宅瑕疵担保履行法」制定の背景と目的

２００５年11月17日に国土交通省が、千葉県の一級建築士が構造計算書を偽装していたことを公表しました。本来、建物の安全を担うはずの建築士が構造計算書を偽装したという事実は、大変な驚きでした。しかも、ひとりの建築士が犯した構造計算書偽装を、その後、建築確認申請においても行政や民間の指定確認検査機関が見抜くことができず、また施工段階においても適正なチェックが行われなかったのです。

地震が多発するわが国で、建築基準法に定められた耐震基準に満たないマンションやホテルが建設されたという事実は、人の命や財産に関わることから、大きな社会問題にもなりました。この問題は国会でも取り挙げられ、建築士やマンションの売り主や施工会社の関係者が証人喚問を受けました。本来なら、このように重大な欠陥があるマンションは、法律〔注12〕により売主、施工会社が補強工事を行うべきですが、履行される前に倒産してしまいました。

こうした問題に対応するために、あらたに制定されたのが「住宅瑕疵担保履行法」〔注13〕です。この法律の目的は、すべての新築住宅に対して保険への加入か保証金の供託を義務付けることで、もし、売り主や施工会社が倒産した場合でも、取得者に対して補修費用が支払われることになりました。

7-2　保険とローン

●地震保険

地震保険とは、地震・噴火またはこれらによる津波を原因とする火災・損壊・埋没または流失による損害を補償する地震災害専用の保険です。地震保険は下記のような特長があります。

①地震保険の対象は、居住用の建物と家財だけです。

②火災保険でカバーされていない「地震を原因とする火災による損害」や「地震により延焼・拡大した損害」に対して補償します。

③地震保険は火災保険に付帯する方式のため、地震保険に加入するためには火災保険に入る必要があります。地震保険のみの保険はありません。

④基本となる地震保険は、保険会社が異なっても内容は同じであり、一律の制度です。

地震保険は、国と民間が協力して設定しているものであり、保障内

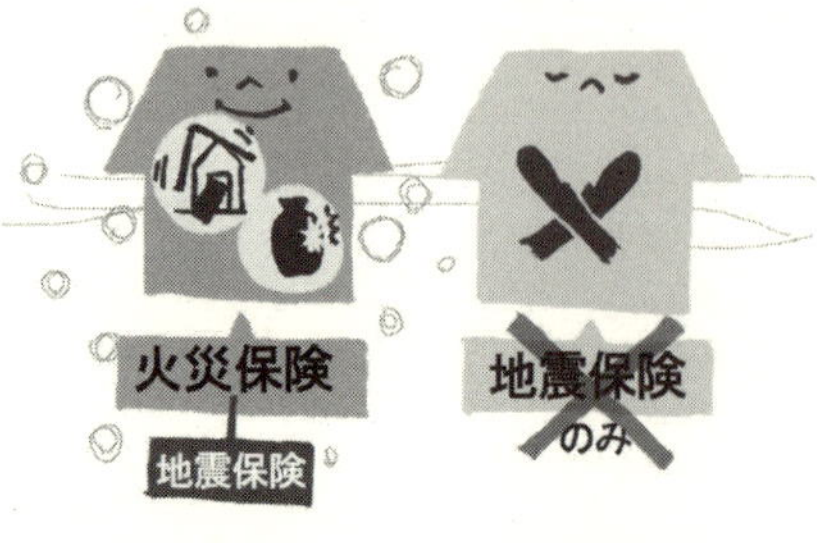

表 7.1　地震保険の補償内容

建　物		
引受限度	損害の程度	支払保険金
5,000 万円	全　損	契約金額全額 （時価が限度）
	半　損	契約金× 50% （時価の 50%が限度）
	一部損	契約金× 5% （時価の 5%が限度）

家　財		
引受限度	損害の程度	支払保険金
1,000 万円	家財全損	契約金額全額 （時価が限度）
	家財半損	契約金× 50% （時価の 50%が限度）
	家財一部損	契約金× 5% （時価の 5%が限度）

契約上の条件	火災保険の 30 ～ 50%

表 7.2　損害の認定基準

全　損	建　物	主要構造部の損害額が建物の時価の 50%以上または焼失，流失した床面積が建物の延床面積の 70%以上
	家　財	家財の損害額が時価の 80%以上
半　損	建　物	主要構造部の損害額が建物の時価の 20%以上 50%未満または焼失，流失した床面積が建物の延床面積の 20%以上 70%未満
	家　財	家財の損害額が時価の 80%以上
一部損	建　物	主要構造部の損害額が建物の時価の 3%以上 20%未満または床上浸水（地震等を原因とする水災で，床上浸水または地盤面から 45 cm を 超える浸水を受けた場合で，その損害が全損，半損，一部損に至らないときは一部損とみなす）
	家　財	家財の損害額が時価の 10%以上 30%未満

表 7.3　地震保険の保険料

建物の構造	木　造				
			割引の適用を受けた場合		
等地	改定前保険料	改定後保険料	昭和 56 年 6 月以降または耐震等級 1 の建物（割引 10%）	耐震等級 2 の建物（割引率 20%）	耐震等級 3 の建物（割引率 30%）
1 等地	14,500 円	12,000 円	10,800 円	9,600 円	8,400 円
2 等地	20,000 円	16,500 円	14,900 円	13,200 円	11,600 円
3 等地	28,000 円	23,500 円	21,200 円	18,800 円	16,500 円
4 等地	43,000 円	35,500 円	32,000 円	28,400 円	24,900 円

建物の構造	日木造（鉄筋コンクリート・鉄骨造）				
			割引の適用を受けた場合		
等地	改定前保険料	改定後保険料	昭和 56 年 6 月以降または耐震等級 1 の建物（割引 10%）	耐震等級 2 の建物（割引率 20%）	耐震等級 3 の建物（割引率 30%）
1 等地	5,000 円	5,000 円	4,500 円	4,000 円	3,500 円
2 等地	7,000 円	7,000 円	6,300 円	5,600 円	4,900 円
3 等地	13,500 円	13,500 円	12,200 円	10,800 円	9,500 円
4 等地	17,500 円	17,500 円	15,800 円	14,000 円	12,300 円

◎等地の地域別

1 等地	北海道・福島・島根・岡山・広島・山口・香川・福岡・佐賀・鹿児島・沖縄
2 等地	青森・岩手・宮城・秋田・山形・茨木・栃木・群馬・新潟・富山・石川・山梨・鳥取・徳島・愛媛・故知・長崎・熊本・大分・宮崎
3 等地	埼玉・千葉・福井・長野・岐阜・愛知・三重・滋賀・京都・大阪・兵庫・奈良・和歌山
4 等地	東京・神奈川・静岡

容は一律です。一般家庭向けの地震保険の窓口は火災保険を取り扱っている各保険会社ですが、これらはすべて日本地震再保険株式会社という会社にまとめられており、補償内容も一律です。地震をカバーする保険商品は各保険会社も独自に扱っていますが、共通して扱っている地震保険というものは、いわゆる一つの国の制度に近いものです。

契約の上限は火災保険金額の50％までとされているため、「地震や噴火、津波により家が全壊したとしても、時価の半分までしか保険金を受け取れない」ということになります。さらに、補償限度額は「建物5、000万円まで、家財1、000万円まで」とされているため、

①3、000万円の建物は、最大1、500万円までしか地震保険を契約できない。

②2億円の建物でも、最大5、000万円までしか地震保険を契約できない。

ということになります。また、高級品（貴金属・書画・骨董等で1個または1組が30万円以上のもの）は対象外となっています。

以上のように、地震保険だけでは全壊してもよくて半分までしか補償されないのです。補償内容を上乗せするためには、民間の各保険会社が販売している保険を用いるか、ＪＡ共済の建物更生共済に加入することなどが必要となります。

●二重ローン

阪神大震災では約10万5、000棟の住宅が全壊し、約14万4、000棟が半壊しました。住宅

ローンが残っていた家が被害に遭ったケースも多く、新しく家を建てたり、マンションを購入した人の多くは、二重のローンを抱え、現在も苦しんでいます。国や自治体による低金利の融資や全壊世帯に最高１００万円を支給する制度も効果はあがっていません。その後、「自然災害による被災者支援への法整備が必要だ」という声が高まり、１９９８年5月に「被災者生活再建支援法〔注14〕」が成立しました。

　しかしこの制度も、全壊した家だけを対象に最高でも３００万円しか支給されず、もっと高額の支給をすべきだという声もあがっています。

〔注１〕　民法第２０６条（所有権の内容）

所有者は、法令の制限内において、自由にその所有物の使用、収益及び処分をする権利を有する。

〔注２〕　借地借家法

第１条（趣旨）

この法律は、建物の所有を目的とする地上権及び土地の賃借権の存続期間、効力等並びに建物の賃貸借の契約の更新、効力等に関し特別の定めをするとともに、借地条件の変更等の裁判手続に関し必要な事項を定めるものとする。

第２条１号（定義）

借地権　建物の所有を目的とする地上権又は土地の賃借権をいう。

〔注３〕　権利書の紛失

不動産登記法が改正され、２００５年３月７日から施行されました。権利書を紛失した場合、それまで行われていた保証書の制度は廃止され、新たに事前通知制度と司法書士等の資格者代理人による本人確認情報の提供制度が導入されました。紛失した権利書に代わって土地の権利を証明する手続きですが、多大な費用と労力が掛ります。

〔注４〕　罹災都市借地借家臨時処理法第25条の２の災害及び同条の規定を適用する地区を定める政令（平成７年２月６日政令第16号）

内閣は、罹災都市借地借家臨時処理法（昭和21年法律第13号）第25条の２及び第27条第２項の規定に基づき、この政令を制定する。

罹災都市借地借家臨時処理法第25条の２の災害として次の表の上欄に掲げる災害を定め、当該災害について同条の規定を適用する地区として同表の下欄に掲げる地区を定める。

災害	平成７年の兵庫県南部地震に係る震災およびこれに伴って起こった火災
地区	大阪府のうち　大阪市　堺市　岸和田市　豊中市　池田市　吹田市　高槻市　茨木市　泉佐野市　大東市　箕面市　高石市
	兵庫県のうち　神戸市　尼崎市　明石市　西宮市　洲本市　芦屋市　伊丹市　宝塚市　三木市　川西市
	加古郡のうち　播磨町
	津名郡のうち　津名町　淡路町　北淡町　一宮町　五色町　東浦町
	三原郡のうち　緑町　西淡町　三原町　南淡町

附則　この政令は、公布の日から施行する。

〔注５〕　罹災都市借地借家臨時処理法第25条の２の災害及び同条の規定を適用する地区を定める政令（平成17年４月15日政令第１６０号）

内閣は、羅災都市借地借家臨時処理法（昭和21年法律第13号）第25条の2及び第27第2項の規定に基づき、この政令を制定する。

羅災都市借地借家臨時処理法第25条の2の災害として次の表の上欄に掲げる災害を定め、当該災害について同条の規定を適用する地区として同表の下欄に掲げる地区を定める。

災害	平成16年新潟県中越地震による災害
地区	新潟県のうち　長岡市　柏崎市　小千谷市　十日町市　見附市　栃尾市　魚沼市　北魚沼郡　川口町 刈羽郡のうち　刈羽村　西山町

附則　この政令は、公布の日から施行する。

〔注6〕　羅災都市借地借家臨時処理法第2条・3条

第2条

羅災建物が滅失した当時におけるその建物の借主は、その建物の敷地又はその換地に借地権の存しない場合には、その土地の所有者に対し、この法律施行の日から2箇年以内に建物所有の目的で賃借の申出をすることによって、他の者に優先して、相当な借地条件で、その土地を賃借することができる。但し、その土地を、権原により現に建物所有の目的で使用する者があるとき、又は他の法令により、その土地に建物を築造するについて許可を必要とする場合に、その許可がないときは、その申出をすることができない。

2　土地所有者は、前項の申出を受けた日から3週間以内に、拒絶の意思を表示しないときは、その期間満了の時、その申出を承諾したものとみなす。

3　土地所有者は、建物所有の目的で自ら使用することを必要とする場合その他正当な事由があるのでなければ、第1項の申出を拒絶することができない。

4　第三者に対抗することのできない借地権及び臨時設備その他一時使用のために設定されたことの明かな借地権は、第1項の規定の適用については、これを借地権でないものとみなす。

第３条

前条第１項の借主は、罹災建物の敷地又はその換地に借地権の存する場合には、その借地権者（借地権者が更に借地権を設定した場合には、その借地権の設定を受けた者）に対し、同項の期間内にその者の有する借地権の譲渡の申出をすることによって、他の者に優先して、相当な対価で、その借地権の譲渡を受けることができる。この場合には、前条第１項但書及び第２項乃至第４項の規定を準用する。

〔注７〕　罹災都市借地借家臨時処理法第14条

罹災建物が滅失し、又は疎開建物が除却された当時におけるその建物の借主は、その建物の敷地又はその換地に、その建物が滅失し、又は除却された後、その借主以外の者により、最初に築造された建物について、その完成前賃借の申出をすることによって、他の者に優先して、相当な借家条件で、その建物を賃借することができる。但し、その借主が、罹災建物が滅失し、又は疎開建物が除却された後、その借主以外の者により、その敷地に建物が築造された場合におけるその建物の最後の借主でないときは、その敷地の換地に築造された建物については、この申出をすることができない。

〔注８〕　罹災都市借地借家臨時処理法第10条

罹災建物が滅失し、又は疎開建物が除却された当時から、引き続き、その建物の敷地又はその換地に借地権を有する者は、その借地権の登記及びその土地にある建物の登記がなくても、これを以て、昭和21年７月１日から５箇年以内に、その土地について権利を取得した第三者に、対抗することができる。

〔注９〕　２００２年11月29日神戸地裁

〔注10〕　民法第７１７条

土地の工作物の設置又は保存に瑕疵があることによって他人に損害を生じたときは、その工作物の占有者は、被害者に対してその損害を賠償する責任を負う。ただし、占有者が損害の発生を防止するのに必要な注意をしたときは、所有者がその損害を賠償しなければならない。

2　前項の規定は、竹木の栽植又は支持に瑕疵がある場合について準用する。

3　前2項の場合において、損害の原因について他にその責任を負う者があるときは、占有者又は所有者は、その者に対して求償権を行使することができる。

〔注11〕建築士法

第3条（一級建築士でなければできない設計又は工事監理）

第3条の2（一級建築士又は二級建築士でなければできない設計又は工事監理）

第3条の3（一級建築士、二級建築士又は木造建築士でなければできない設計又は工事監理）

〔注12〕住宅の品質確保の促進等に関する法律

２０００年4月から施行された法律。新築住宅の請負・売買契約において、基本構造部分（柱や梁などの住宅の構造体力上主要な部分、雨水の防止する部分）について10年間の瑕疵担保責任（修補責任等）が義務付けられた。

〔注13〕特定住宅瑕疵担保責任の履行の確保等に関する法律

２００９年10月1日から新築住宅の請負人や売主（住宅事業者）には瑕疵担保責任を確実に履行するための資力確保措置（保険への加入または保証金の供託）が義務付けられた。

〔注14〕被災者生活再建支援法の概要

この制度は、自然災害によりその生活基盤に著しい被害を受けた者で、経済的理由等によって自立して生活を再建することが困難な世帯に対して、都道府県が相互扶助の観点から拠出した基金を活用して、被災者生活再建支援金を支給することにより、その自立した生活の開始を支援しようとするものです。支給金額は、世帯の構成等条件によって異なりますが、生活必需品などの物資購入、被災家屋の解体撤去費用などの経費として、最高３００万円の支援金が支給されます。

第8章

木造住宅密集地の改善例

（東京都墨田区の改善提案シミュレーション事例から）

8-1 木造住宅密集地の居住環境と防災安全性

●木造住宅密集地域の改善のイメージ

木造住宅密集地域の改善イメージはおおむね以下のようなものですが、現実的にはなかなか思うように進んでいないのが実状です（東京都：防災都市づくり推進計画、２００４年）。

①延焼遮断帯、避難場所の整備

延焼遮断帯……都市計画道路の整備。沿道の不燃化と併せて行う。

避難場所…人口１人当り１㎡以上、避難距離３㎞が目安。

②地域の防災性向上

危険な市街地の優先的整備（重点整備地域等）

市街地の整備目標……２０２５年不燃領域率70％

市街地の整備方策

・修復型事業…木造住宅密集地域整備促進事業など

・規制・誘導策…建築安全条例による防火規制など

・基盤整備型事業…土地区画整理、再開発など

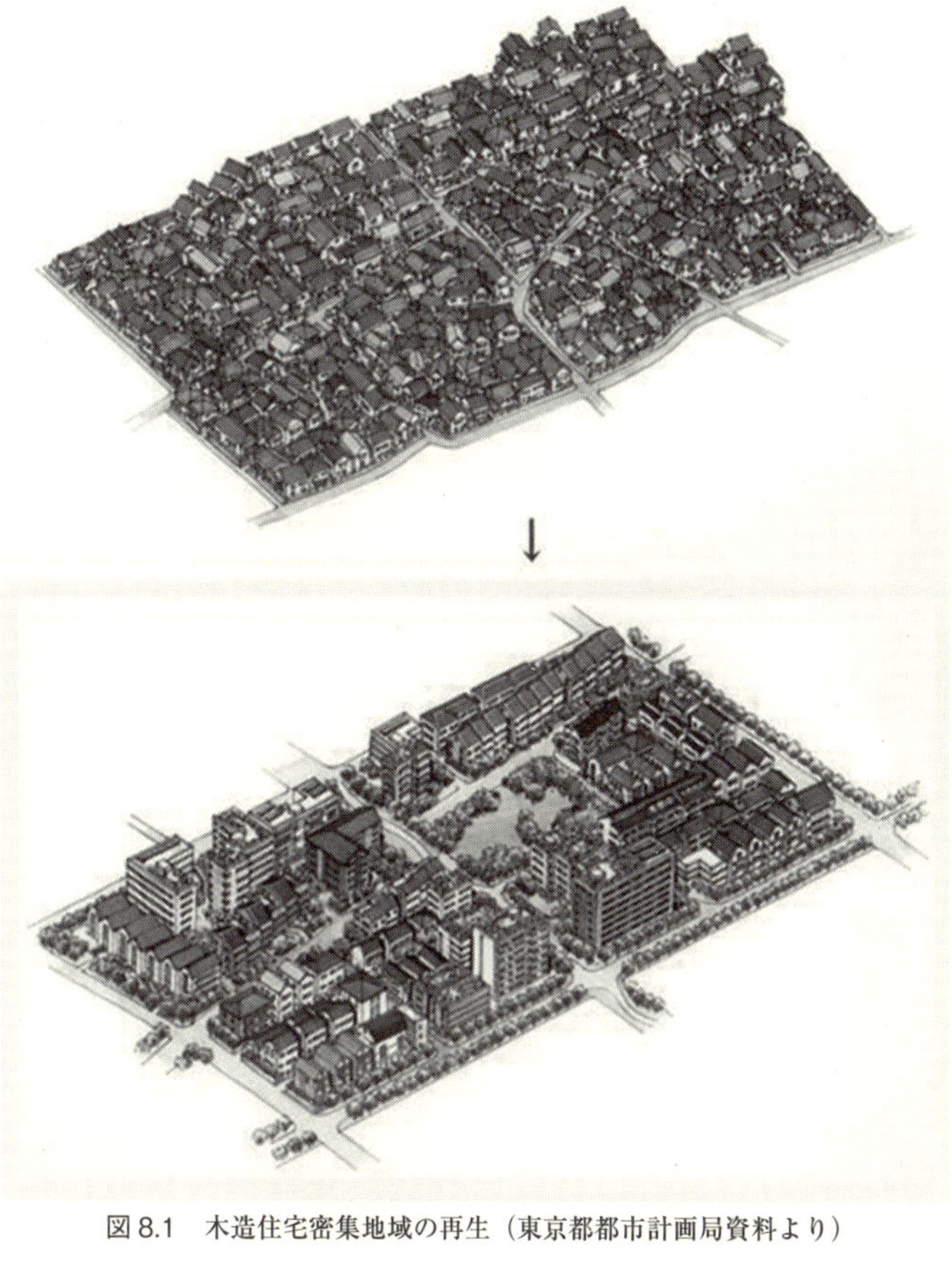

図 8.1　木造住宅密集地域の再生（東京都都市計画局資料より）

③個々の建物の耐震性・耐火性の向上等

公共建築物の耐震性の強化、民間建築物の耐震性・耐火性の向上および都市基盤施設の耐震性の確保。

8-2 小さなエリアでシミュレーションを行う

木造住宅密集地といっても地方、地域で歴史や文化のちがいがあり、全国的共通の手法での改善には限界があります。やはり地域に根ざした解決策を講じる必要があります。

ここでは東京都の１地域を抽出して改善シミュレーションを試みています。

〈対象地域：墨田区〉

・地域面積：１・２６ｈａ

・建物戸数：１４２棟

・木造建物棟数率：88・03％

・老朽木造建物棟数率：37・32％
・建物戸数密度：１１０棟／ha
・不燃領域率：14・85％
・倒壊のおそれのある建物：28・8％（全壊41棟）
・一部損壊または無被害が予想される建物：19％（27棟）

〈地域が抱える問題点と区民が考える木造住宅密集地域の改善策〉

対象地域が抱える問題点
①敷地と道路の関係で問題のあるもの
・接道していない。
・接道長さ不足。
・42条2項道路の後退線不確保。
・位置指定道路にはみ出して増築している。
・敷地延長（旗竿敷地）が多い。
②防災上の問題点……地震・火災について

図 8.2　墨田区墨田 4 丁目の住区

・行きどまり道路が多く、2方向避難路が確保できていない。
・細街路のため消火活動に支障がある。
・不燃建築が少ない。
・耐震補強がなされていない倒壊危険性のある建物が多い。

③生活環境上の問題点

・日照、通風が不足。緑地や公園が少ない。
・行きどまり道路により駅まで遠回りを強いられる。
・地域内に快適性を感じさせる空間がすくない（歩行空間、生活空間に下町らしい豊かさが不足している）。

〈墨田区マスタープラン改定区民ワークショップ（墨田区北部地域グループ）で住民から提案された内容〉

・工場の閉鎖により建売住宅・マンション等の建設が進み新しい住民が増えている。
・高齢者が安全に歩ける、身近で買い物ができるまちづくりを。
・路地のまま防災性を向上させる仕組みを考える。
・電線を地中化する。消火栓を設置する。
・建て替え支援の仕組みをつくる（住民＋専門家＋行政）。
・車の入れない路地を決める。

図 8.3　全壊・老朽率：1970 年以前に建てられた老朽木造建物＋震度 6 強の地震による全壊のおそれのある建物数と全棟数の割合

・路地に面する建物の建て替えがしやすいようにする。
・隣家とのあいだに隙間を空ける仲良し建て替え。
・地域内に建て替え用のアパートをつくる。
・塀はなるべくつくらない（つくる場合は植栽に）。
・空地を利用してポケットパークをつくる。
・小さな緑を大切にして、きれいな町並みづくり。
・建物色の調和。広告や看板にも統一性を。
・歴史を感じさせるような建物をつくる。

〈改善提案の方針〉

①地域全体の区画整理などを前提とした大規模な改善ではなく、居住者の敷地の地形（じがた）の変更を最小限にとどめる。
②無接道敷地の解消を図る。
③居住環境については、下町の雰囲

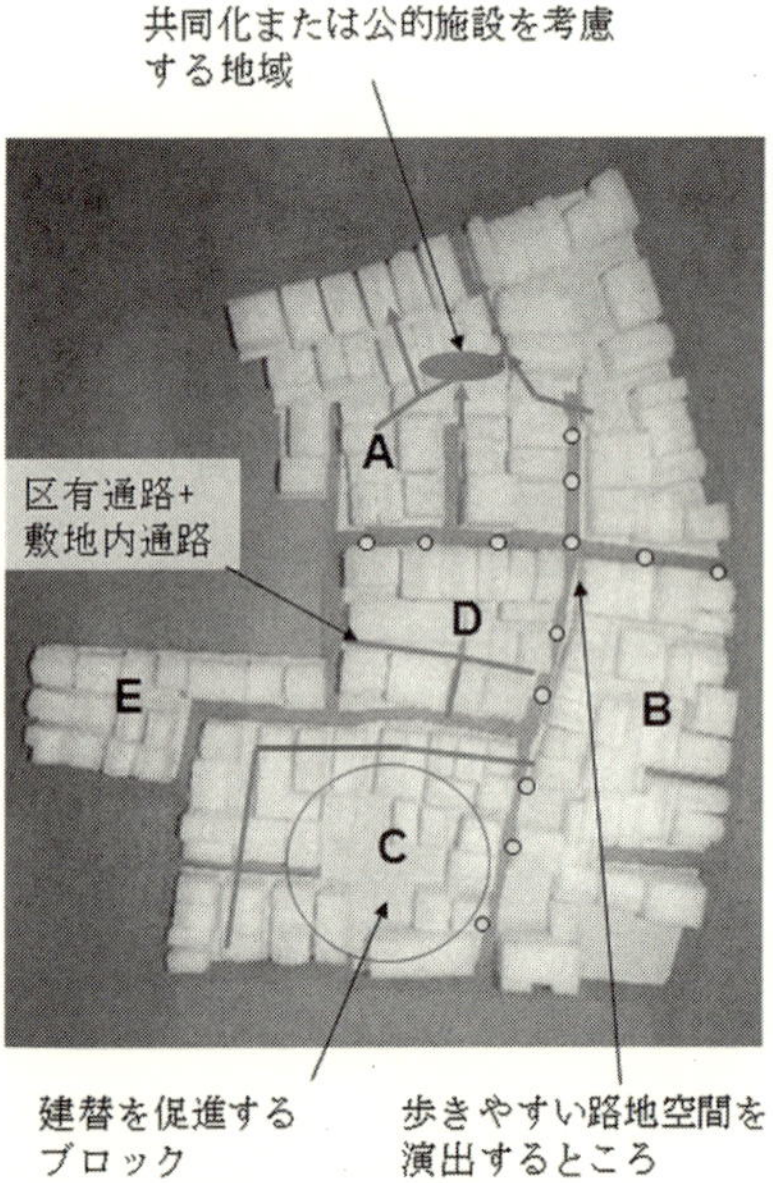

図 8.4　改善提案の方針

気を残す路地空間を前向きにとらえ、かつ安全性に配慮して道路拡幅や建て替えが必要な部分を選択する。

④道路・通路・敷地内通路の有効活用を図る。

⑤倒壊危険性の高い建物、築年数の古い建物が多い敷地については、耐震改修を行うものと建て替えを行うものに分けて、建て替えるものについては、地域の核になるような施設計画を行う。

〈Cブロックの計画概要〉

・現況敷地面積：2、642・78㎡（2項道路115㎡を含む）
・現況建築面積：1、580㎡
・現況延べ床面積：3、160㎡
・現況棟数：35戸（50世帯）
・新しい敷地面積：2、270㎡
・新しい建築面積：1、436㎡
・新しい延べ床面積：5、148㎡
・余剰床：1、988㎡（600坪）18坪×33戸（共有部分は除く）
・事業費概算：15億5、700万円／余剰床売却費：10億8、000万円

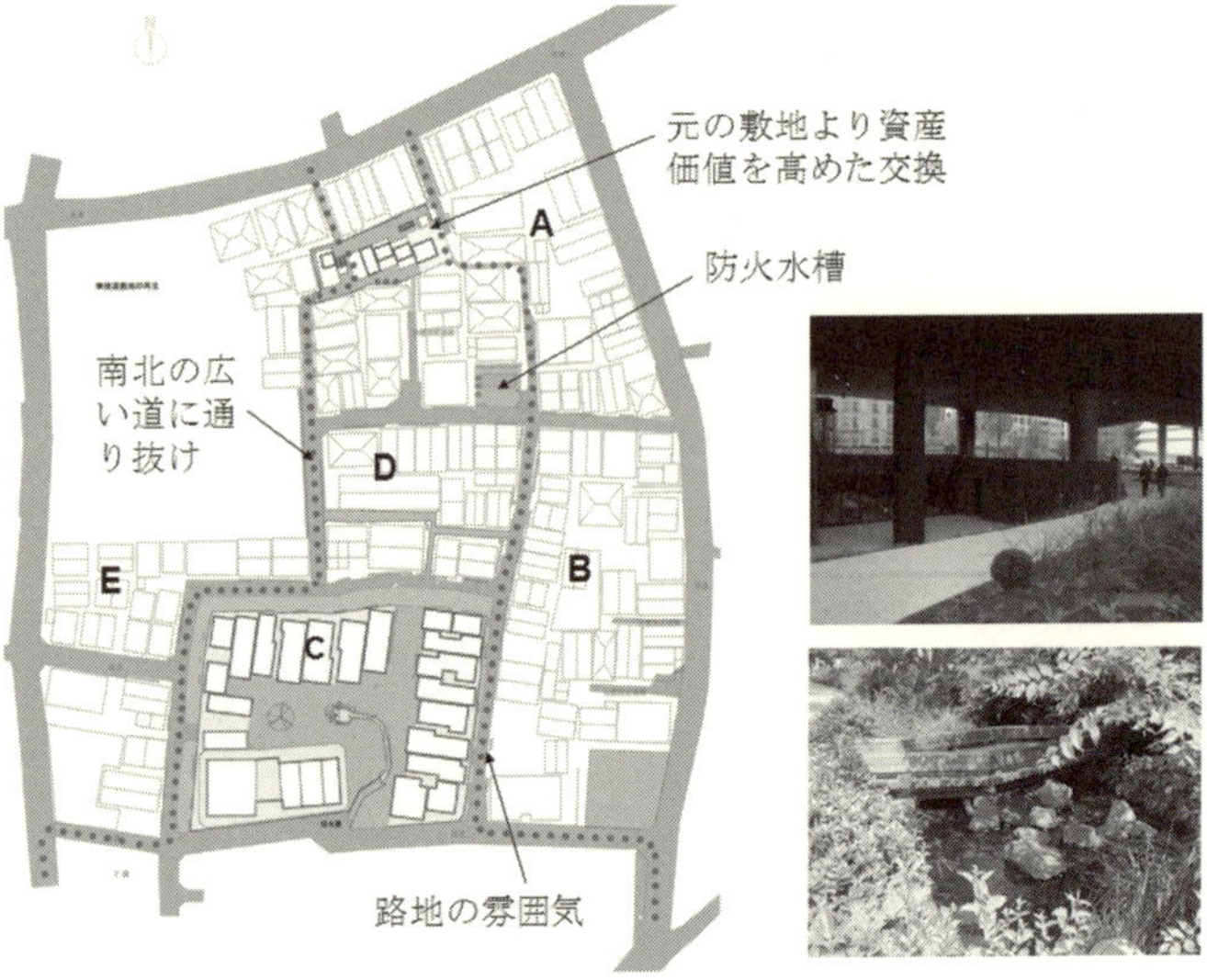

図 8.5　地形をいかした計画

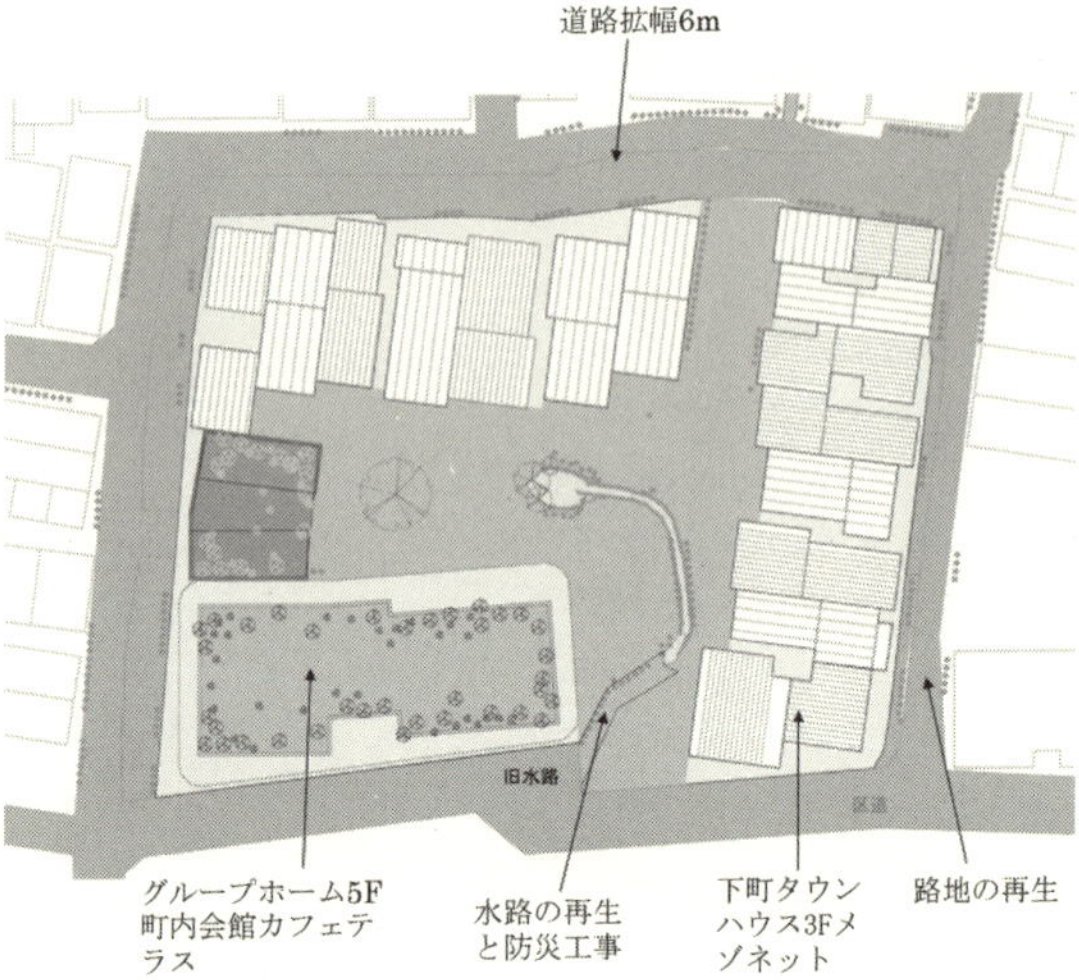

図 8.6　Cブロックの計画概要

8-3 木造住宅密集地域の改善に向けて

誰でも地震や火災などに強い町に住みたいと願っていますが、こうした防災安全性だけではなく、犯罪が少ない、住みやすい、快適で美しくという願いもあると思います。

日頃個人住宅や事業用の個々の建物等の設計をする際に、敷地から道路さらに敷地の周辺から地域へと視線を転じた時に、地域に住む人々にとって望ましい地域の姿やあり様が、俯瞰的な都市計画的視点と必ずしも一致していないのではないかということに気付かされます。

地域を歩いてみれば、道路一つをとっても、単純に拡幅すれば良いというものではないことがわかります。住民の意見にも「路地のまま防災性向上を」とあるように、延焼遮断帯としての機能だけではなく、生活空間としての道としてもみていく必要があります。木造住宅密集地域の危険性が長らく指摘され続けているにもかかわらず、改善が思うように進んでいない理由が、この辺りにも潜んでいるのではないかと思います。

国や地方公共団体の木造密集地整備事業においても、助成や補助金などの経済的インセンティブを付与するだけではなく、地域のアイデンティティーを探し出して、付加価値を生み出すような方策の実現が望まれます。

建築家の視点は建物などの見える部分と、新しい価値の創造という見えない部分をいかにデザインするかというところにあります。アイデンティティーの発見や付加価値の提案に対して、建築家の役割は決して小さくありません。危険な木造住宅密集地域の解消のためには、今後とも法律や不動産の専門家などとともに、建築家の提案力を活用することは有効な対策の一つになります。

8・2のシミュレーションは、人々が地域内に留まること、そして長い間培われたまちの記憶を消さずに、安全なまちにするという前提で行われたものです。しかし、これは今回対象にした地域のみに通じる個別解のうちの一つに過ぎません。現実に木造密集地の改善を行うとすれば、権利関係の調整なども含めた複雑で困難な諸問題を一つづつ解決していかなければなりません。住民、専門家、行政3者が相互に連携して、地域住民の生活にプラスになるような良い解決策を見出すことが重要です。

木造住宅の災害予防
地震と住まい

定価はカバーに表示してあります．

2010年2月25日 1版1刷発行

ISBN 978-4-7655-2540-4 C 3052

著　者　社団法人日本建築家協会
災害対策委員会 地震と住まいWG

発行者　長　滋　彦

発行所　技報堂出版株式会社

〒101-0051　東京都千代田区神田神保町1-2-5
電　話　営　業　(03)(5217) 0885
　　　　編　集　(03)(5217) 0881
FAX　(03)(5217) 0886
振　替　口　座　00140-4-10
http://www.gihodobooks.jp/

日本書籍出版協会会員
自然科学書協会会員
工学書協会会員
土木・建築書協会会員

Printed in Japan

イラスト・装幀　山本アカネ　　印刷・製本　シナノ書籍印刷